Dr. Jürgen Weihofen

7-Tage-Körner-Kur

150 Rezepte zum
Abnehmen und Entschlacken
mit Vollwertkost

Dr. Jürgen Weihofen

7-Tage-Körner-Kur

150 Rezepte zum
Abnehmen und Entschlacken
mit Vollwertkost

sanoform-Verlag
Dr. Jürgen Weihofen
Siegburg

sanoform-Verlag
Dr. Jürgen Weihofen
Carl-Schurz-Str. 36 · 5200 Siegburg · Tel. 0 22 41/6 93 17

3. Auflage 1988
Dr. Jürgen Weihofen
„7-Tage-Körner-Kur. 150 Rezepte zum Abnehmen und Entschlacken mit Vollwertkost"

Copyright © 1985 by **sanoform**-Verlag
Dr. Jürgen Weihofen, Siegburg
Alle Rechte vorbehalten.

Gesamtherstellung: Ebner Ulm
Printed in Germany 1988
ISBN 3-925502-00-9

*Ich danke für die Unterstützung bei
den Rezept-Entwicklungen:*
meiner Ehefrau Irmgard und
meiner Mitarbeiterin Karla Klein.

Kollath:
„Laßt unsere Nahrung so natürlich wie möglich!"

Vorwort zur 3. Auflage

Nach dem Erscheinen der ersten Auflage im Herbst 1985 und der zweiten Auflage zur Jahresmitte 1986 erfordert die unverändert starke Nachfrage nun die dritte Auflage. Das zunehmende Gesundheitsbewußtsein und das für viele noch ungelöste Problem des Übergewichts führt zum erfreulich großen Interesse an der 7-Tage-Körner-Kur. Zahlreiche Leserzuschriften und die wachsende Zahl begeisterter Kur-Wiederholer zeigen, daß diese Natur-Getreide-Kur ein erfolgreicher Weg zum Abnehmen und Entschlacken ist.
Diese dritte Auflage des Buches wurde überarbeitet und aktualisiert.

Siegburg, im März 1988   Dr. Jürgen Weihofen

Inhaltsverzeichnis

	Seite
Was ist die 7-Tage-Körner-Kur?	9
Warum ist die 7-Tage-Körner-Kur so erfolgreich?	10
Was hat die 7-Tage-Körner-Kur mit Vollwerternährung zu tun?	11
Wie wirkt die 7-Tage-Körner-Kur?	12
Wie werden die Körner zubereitet?	15
Welche Grundregeln sind zu beachten?	16
Wie kann man die Wirkung der Kur unterstützen und ergänzen?	19
Welche Fragen sind noch offen?	21

Körner-Kur-Rezepte:

Original-Kur	23
Baden-Badener Diätwoche	31
Frühjahrs-Kur	46
Sommer-Kur	63
Herbst-Kur	79
Winter-Kur	95
Feinschmecker-Kur	113
Sachgruppen-Register	127

Was ist die 7-Tage-Körner-Kur?

Getreidemahlzeiten stellen seit Jahrtausenden eine wertvolle Nahrung dar. Erst seit wenigen Jahrzehnten ist das Getreide mehr und mehr durch Fleisch, Wurstwaren, zuckerhaltige Erzeugnisse und andere raffinierte, konzentrierte Nahrungsmittel verdrängt worden. Unter der gravierenden Folge der falschen Ernährung, dem Übergewicht, leiden heute sehr viele Menschen und möchten ihr Gewicht reduzieren. Viele haben auch schon sogenannte Diätkuren, Fasten-Diäten etc., wie sie allenthalben in Publikums-Zeitschriften angeboten werden, mit mehr oder weniger Erfolg probiert. Abgesehen vom teilweise großen Zeitaufwand bei der Zubereitung bringen diese Diätpläne meist keine ausreichende Sättigung, da die verwendeten konzentrierten Nahrungsmittel wenig Ballaststoffe enthalten und schnell verdaut werden.

Als Folge des bleibenden Hungergefühls greifen manche sogar zum chemischen Appetitzügler oder führen isolierte Ballaststoffe zu, leider nicht ohne Gefahren bzw. Risiken für die Gesundheit. Auch von der Wissenschaft als sogenannte „Außenseiter-Diäten" zu Recht als z.T. gefährlich bezeichnete einseitige Mangelernährungs-Formen finden immer noch manchen gläubigen Anhänger, der über die meist bei längerer Anwendung oder als Spätfolge eintretende Gesundheitsgefährdung nicht informiert ist.

Dabei gibt es doch die verschiedenen Getreidearten wie Weizen, Hafer, Gerste sowie Buchweizen, Hirse und Naturreis – Bestandteile einer gesunden Vollwerternährung – die sich ausgezeichnet zur schnellen Verminderung des Körpergewichts eignen! Vielen Mitmenschen sind die Getreidesorten jedoch gar nicht mehr bekannt – manche bekommt man nur noch im Reformhaus.

Im Reformhaus kaufen Sie deshalb auch die Zutaten zur Kur, nämlich:

170 g Weizengrütze
170 g geschälte Hirse
170 g Hafergrütze
150 g Naturreis
170 g Gerstengrütze
170 g Buchweizengrütze
170 g Mehrkorn-Getreidemischung.

Aber bitte versuchen Sie nicht, diese Getreidesorten einzeln zu erstehen: Sie müßten mindestens 1 Pfund jeder Sorte kaufen! Wegen des großen Erfolgs der 7-Tage-Körner-Kur gibt es die Getreide-Sorten komplett abgepackt und gebündelt, und der Preis für eine Wochenkur beträgt nur rund 10,— DM (Original 7-Tage-Körner-Kur von Dr. Ritter GmbH & Co., Köln). Durch die verstärkt zu beobachtende Hinwendung zur Natur, einschließlich einer natürlicheren/gesünderen Ernährung, gewann die 7-Tage-Körner-Kur seit 1981 von Jahr zu Jahr mehr Freunde und wurde bisher von mehr als einer Million Menschen erfolgreich durchgeführt.

Warum ist die 7-Tage-Körner-Kur so erfolgreich?

"Nichts ist so erfolgreich wie der Erfolg!"

Die drei wesentlichen Punkte, die zum Erfolg der 7-Tage-Körner-Kur beitragen, sind:
1. Gewichtsreduktion 2–3 kg pro Woche
2. kein Hungergefühl
3. schnell, leicht zuzubereiten.

Weitere Argumente sprechen für die Körner-Kur:
- vollwertige Kost
- Förderung der Verdauung
- abwechslungsreich, geschmackvoll
- vital- und ballaststoffreich
- entwässernde Wirkung
- entschlackend
- preiswert.

Was hat die 7-Tage-Körner-Kur mit Vollwerternährung zu tun?

Ernährungswissenschaftler sind insbesondere deshalb für die Durchführung einer Reduktions-Diät in Form der Körner-Kur, weil die Bestandteile der Kur nicht nur den alten Grundsätzen einer reformgerechten Ernährung, sondern auch den Kriterien einer modernen Vollwerternährung gerecht werden:

- Verringerung der Zufuhr „leerer" Kalorien
- Zufuhr essentieller Nährstoffe aus biologisch hochwertigen Nahrungsmitteln (naturbelassen, wenig verarbeitet, geringe Energiedichte)
- Erhöhung des Anteils ballaststoffreicher Lebensmittel
- Einschränkung des Verzehrs von Nahrungsfetten mit vorwiegend gesättigten Fettsäuren (Wurst, Fleisch, tierische Fette)
- hoher Anteil von Vollgetreide, Frischobst, Rohgemüse
- Begrenzung der Zufuhr von isolierten Mono- und Disacchariden (Trauben-, Frucht-, Rohr- und Rübenzucker) sowie der Kochsalzzufuhr
- vermehrte Flüssigkeitsaufnahme.

Viele Menschen haben durch die 7-Tage-Körner-Kur den Weg zur besseren, natürlicheren und gesünderen Ernährung gefunden und vor allem selbst erfahren: Vollwertige Nahrung schmeckt gut, sättigt hervorragend und macht daher nicht dick!

Wie wirkt die 7-Tage-Körner-Kur?

Die 7-Tage-Körner-Kur ist eine fettarme, kohlenhydratreiche Reduktionskost mit mäßigem Eiweißanteil, mineralstoff- und ballaststoffreich.

Bei Anwendung der Standard-Rezepte der Original-Kur werden mit drei Hauptmahlzeiten pro Tag im Durchschnitt 880 kcal (3683 kJ) aufgenommen (vergleiche Tabelle 1). Der durchschnittliche Energiebedarf von erwachsenen Testpersonen wurde in einer Untersuchung von Dr. med. Dr. troph. A. Brünger mit 2560 kcal errechnet. Die Körner-Nahrung wies damit pro Tag ein Defizit von 1680 kcal auf. Dieses Defizit wurde durch das Verbrennen von Körper-Depotfett ausgeglichen, und zwar von durchschnittlich 1,8 kg Körperfett pro Kur-Woche.

Tabelle 1: Nährstoffzusammensetzung der kompletten Tagesrationen während der 7-Tage-Körner-Kur

Getreide		g	Eiweiß (g)	Fett (g)	KH (g)	kcal	BE	Ballaststoffe (g)
1. Tag	Weizengrütze	170	32,7	7,6	159,0	855	12,5	18,5
2. Tag	Hirse	170	33,0	19,4	147,7	899	12,0	15,7
3. Tag	Hafergrütze	170	30,4	12,9	164,1	915	12,5	19,0
4. Tag	Reis	150	12,8	4,0	155,2	708	12,5	9,0
5. Tag	Gerstengrütze	170	29,8	11,1	150,1	824	10,8	10,4
6. Tag	Buchweizengrütze	170	47,0	11,8	158,6	942	12,2	8,2
7. Tag	Mehrkorn-Mischung	170	58,2	28,8	126,6	1023	9,6	24,9

Die von Dr. Brünger durchgeführte, klinisch kontrollierte Untersuchung der Wirkung der 7-Tage-Körner-Kur[1] erbrachte die folgenden Ergebnisse:

1. Die durchschnittliche Gewichtsreduktion betrug 2,1 kg in sieben Tagen.

---

[1] Dr. med. Dr. troph. A. Brünger, Erfahrungen mit der 7-Tage-Körner-Kur.
Hrsg.: Dr. Ritter GmbH & Co., Köln

2. Der größte Gewichtsverlust lag bei 3,0 kg.
3. Neben einer Abnahme an Körpersubstanz ist es zu einem Verlust an Wasser gekommen.
4. Es konnte eine Senkung des Cholesterinspiegels und der Neutralfette im Blutserum beobachtet werden.
5. Der hohe Ballaststoffgehalt der Kost ist für die Verdauung förderlich, regt die Darmtätigkeit an.
6. Der Sättigungsgrad wurde von allen Teilnehmern als ausreichend angesehen.
7. Die Kur ist gut verträglich.
8. Gegen eine wiederholte Durchführung der Kur bestehen medizinisch keinerlei Bedenken.

Die folgende Abbildung zeigt das durchschnittliche Gewichtsverhalten während der sieben Tage:

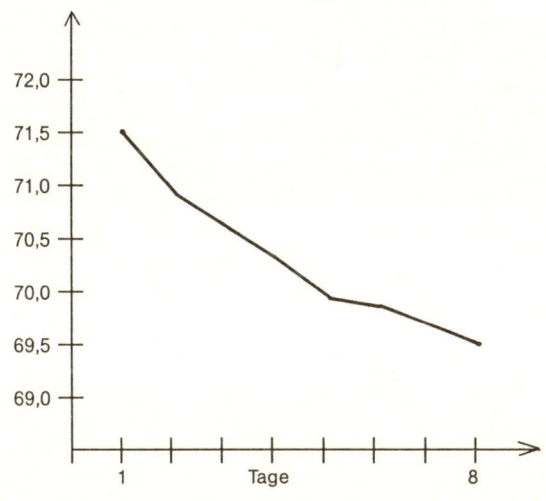

Abb. 1: Gewichtsverhalten während der 7-Tage-Körner-Kur

Der große Vorteil der 7-Tage-Körner-Kur ist der gute Sättigungseffekt, zurückzuführen auf den großen Ballaststoffanteil des vollen Getreidekorns. Im Vergleich zum weißen Mehl enthält das volle Korn alle ihm mitgegebenen Mineralstoffe, Vitamine, Spurenelemente. Der Keim ist besonders reich an wertvollem Eiweiß, den lebensnotwendigen (=essentiellen) hochungesättigten Fettsäuren, Vitaminen der B-Gruppe und Vitamin E. Deshalb regt die Getreidekost den Stoffwechsel an, baut Stoffwechselschlacken ab und stimmt den gesamten Stoffwechsel um. Da in den Rezepten kein Salz verwendet wird, die Körner aber viel Kalium enthalten, wird die Ausscheidung von Wasser gefördert, damit der Blutkreislauf entlastet und der Blutdruck tendenziell gesenkt.

Das Fehlen von tierischen Fetten einerseits, die insgesamt verringerte Fettzufuhr und die Zufuhr von hochungesättigten Fettsäuren andererseits hat eine Senkung des Blutfettspiegels und des Cholesterinspiegels zur Folge. Das Risiko der Arteriosklerose (Gefäßverkalkung) wird dadurch verringert.

Eine weitere positive Wirkung der Körner-Kur ist sehr hoch zu bewerten: die Förderung der Darmtätigkeit. Die ballaststoffreiche Vollwerternährung, insbesondere Vollgetreide, Rohobst und Rohgemüse, fördern auf natürliche Weise die Darmtätigkeit. Das Problem der Verstopfung, bei vielen Menschen durch falsche Ernährung, zu wenig Flüssigkeitsaufnahme und mangelnde Bewegung bedingt, läßt sich durch vollwertige Ernährung wesentlich verbessern und mit etwas Geduld, ohne die bei Abführmitteln z.T. zu befürchtenden Neben- und Folgewirkungen, auf natürliche Weise lösen!

Wie werden die Körner zubereitet?

Mit der fertig abgepackten Körner-Kur ist die Zubereitung der Mahlzeiten denkbar einfach: Weizen, Hafer, Gerste, Buchweizen und Mehrkorn-Getreidemischung sind geschrotet und so schnell tischfertig. Die Tagesmenge von jeweils 170 g = ein Säckchen wird mit ½ bis ¾ l Wasser aufgekocht und auf der Warmhaltestufe 15 bis 20 Minuten zum Ausquellen stehen gelassen. Anschließend wird die Grütze in drei Portionen fürs Frühstück, Mittagessen und Abendessen geteilt und weiterverarbeitet. Der Naturreis und die Hirse werden ganz gegart (nicht geschrotet), und zwar quillt die Hirse ca. 30 Min., der Naturreis ca. 40 Min.

Die Körner-Kur hätte aber gewiß nicht einen so großen Anklang gefunden, wenn die Körner einfach in Wasser gekocht und dann verzehrt würden. Das würde ziemlich fade schmecken. Eine Körner-Kur kann als Delikatesse zubereitet werden (die in diesem Buch enthaltenen Rezepte sollen Ihnen dabei helfen!), ohne daß der Kur-Erfolg in Frage gestellt wird. Es hängt ganz von Ihrer Phantasie ab, wie gut die Körner-Mahlzeiten schmecken. Also heißt es, gut zu würzen und abwechslungsreiche Zutaten wie Obst, Gemüse, Nüsse, Honig, Milchprodukte, Dressings etc. zu verwenden. Eine wunderbare pikante Würzung erreicht man, wenn die Körner in rein pflanzlicher Gemüse-Hefebrühe (Vitam), gegart werden. Salz und Zucker sind allerdings zur Würzung nicht erlaubt.

Mit Hilfe der in diesem Buch enthaltenen 150 Rezept-Ideen lassen sich die Körner schmackhaft und abwechslungsreich zubereiten. Sie können sich bei der Auswahl der Rezepte zwischen sieben verschiedenen Wochenkuren entscheiden:

– die Original-Rezepte (Dr. Ritter GmbH & Co., Köln),
– Rezepte des Restaurants Molkenkur zur ersten Baden-Badener Diätwoche,
– Frühjahrs-, Sommer-, Herbst- und Winterkur mit jeweils zur Jahreszeit passenden Zutaten,

– eine in der Zubereitung etwas aufwendigere Kur für Feinschmecker.

Alle Rezepte sind so konzipiert, daß Sie am Tag ca. 850 bis 950 Kcal zu sich nehmen und so innerhalb einer Woche 4 bis 6 Pfund abnehmen können. Die Rezepte sind wie auch die fertig abgepackte Körner-Kur in der Menge für eine Person ausgelegt. Natürlich steht es Ihnen frei, sich aus den verschiedenen Kuren die Ihnen sympathisch erscheinenden Rezepte auszusuchen, zu kombinieren, auszutauschen und zu variieren. Das Sachgruppenregister am Ende des Büchleins erleichtert Ihnen das Auffinden geeigneter Rezepte. Es ist nach sieben Getreidearten und den Hauptzutaten der Gerichte geordnet. Die Wiederholung der Kur – falls Sie mehr als 2–3 kg abnehmen wollen – fällt bei der großen Auswahl der Rezept-Ideen sehr leicht. Oder erfinden Sie selbst weitere Zubereitungsmöglichkeiten! Ich würde mich freuen, wenn Sie mir Ihre Erfahrungen berichten würden (bitte an Verlags-Adresse schreiben).

Welche Grundregeln sind zu beachten?

Die Grundregeln der Körner-Kur sind ganz einfach:
- Körnermahlzeiten nach Rezepten zubereiten und in drei Portionen, wenn Sie es mögen auch aufgeteilt in bis zu 6 Portionen, über den Tag verteilt verzehren.
- Schütten Sie das Kochwasser nie weg, denn es enthält sehr viele Mineralstoffe und Spurenelemente.
- Weitere Nahrungszufuhr (Kalorienzufuhr) ist nicht erlaubt, außer zweimal am Tag als Zwischenmahlzeit ca. 100 g Obst bzw. Gemüse oder jeweils ein ungesüßtes Vollkorngebäck.
- Bei der Zubereitung der Körner darf Zucker und Salz nicht verwendet werden, Fett nur ausnahmsweise bei bestimmten Rezepten.
- Zum Süßen sollen nur natürliche Süßungsmittel wie kaltgeschleuderter Honig, Ahornsirup, Birnendicksaft oder Honigsüße Hefeflocken sparsam verwendet werden.

- Diabetiker und andere Süßstoff-Verwender können mit Süßstoff süßen.
- Verwenden Sie möglichst frische Zutaten und meiden sie solche, denen Farbstoffe, Konservierungsstoffe, Nitrate, Phosphate, Schwefel oder synthetische Aromastoffe zugesetzt sind.
- Zum Würzen nur frische Kräuter oder schonend gefriergetrocknete Kräuter, Gewürze und Gemüse-Hefebrühe (VITAM) benutzen.
- Die Hefebrühe gibt es auch als Gourmet Suppen- und Würzkonzentrat mit landestypischen Zutaten in den Sorten italienisch, chinesisch und mexikanisch. Diese kann man in den Rezepten anstelle von Gemüse-Hefebrühe einsetzen.
- Bei der Zubereitung der Mahlzeiten kein Fleisch verwenden.
- Keine kalorienhaltige Getränke, sondern mindestens 1,5 bis 2 Liter ungesüßten Tee (Früchtetee, Brennessel-Tee) oder Mineralwasser mit geringem Natriumgehalt trinken.
- Alkohol ist nicht erlaubt, meiden Sie Kaffee, schwarzen Tee und Nikotin.
- Zur Unterstützung der Entschlackung und Entwässerung trinken Sie zum Frühstück 1/2 Glas = ca. 70 ml Keim-Getreide-Trunk (Dr. Ritter) aus dem Reformhaus. Dieses milchsaure Gärgetränk aus vitalstoffreichem gekeimten Getreide des biologischen Anbaus empfiehlt sich auch als täglicher gesunder Starter in den Tag nach Beendigung der Kur.

Die Kurdauer von 7 Tagen sollte nicht überschritten werden. Nach einer Pause von etwa einer Woche kann die Kur jedoch wiederholt werden. Bei einer längeren Kurdauer sollte die Eiweißzufuhr durch Molke oder Eiweiß-Präparate, die Vitamin-Zufuhr durch ein Multi-Vitamin-Präparat und die Mineralstoff-Zufuhr durch ein Mineralstoff-Präparat ergänzt werden.

Grundsätzlich kann die 7-Tage-Körner-Kur von jedem gesunden Erwachsenen, auch von Schwangeren und von

Schulkindern durchgeführt werden. Übergewichtige können die Kur mit Unterbrechung so lange wiederholen, bis sie ihr Wunschgewicht erreicht haben. Denn Übergewicht erhöht das Risiko für viele Krankheiten, u. a. Diabetes mellitus (Zuckerkrankheit), Artereosklerose (Gefäßverkalkung), Bluthochdruck, Thrombosen (Herzinfarkt, Gehirnschlag), Gicht und Rheuma. Mit folgender Formel können Sie errechnen, ob Sie übergewichtig sind und abspecken sollten:

Zuerst ermitteln Sie Ihr Normalgewicht: Von Ihrer Körpergröße in Zentimeter ziehen Sie 100 ab (z.B.: 168 cm − 100 = 68 kg). Gesundheitsgefährdendes Übergewicht liegt dann vor, wenn Sie über 10% mehr als Ihr Normalgewicht wiegen (z.B. 68 kg + 6,8 kg = 74,8 kg). Bringen Sie also bei 168 cm Körpergröße mehr als 74,8 kg auf die Waage, sollten Sie aus gesundheitlichen Gründen unbedingt Ihr Gewicht senken. Am besten wäre es, Sie erreichen Ihr Normalgewicht.

Die 7-Tage-Körner-Kur läßt sich sehr gut zu Hause durchführen, da sie nicht aufwendig und kompliziert, sondern schnell und einfach zuzubereiten ist. Sie haben jedoch auch die Möglichkeit, in Gemeinschaft Gleichgesinnter, herausgelöst aus gewohnter Umgebung und eingefahrenen Eßgewohnheiten, die Wochen-Kur während eines Kur-Urlaubs durchzuführen.

Wie kann man die Wirkung der Kur unterstützen und ergänzen?

Entwässerung

Die entschlackende Wirkung der Körner-Kur kann durch die gezielte Anwendung von Natur-Arzneimitteln unterstützt und verstärkt werden. Für die Anregung von Niere und Blase bieten sich an:

- Gemüsemoste (Rote Beete, Sauerkraut, Sellerie)
- Heilkräuter-Tee (Brennessel, Birke, Zinnkraut oder fertige Drogen-Mischung)
- Frischpflanzen-Preßsäfte mit stärkerer Wirkung (Bohne, Brunnenkresse, Petersilie).

In den Rezepten der Körner-Kur finden Sie deshalb auch häufig die Petersilie, weil dieses Kraut neben einem hohen Gehalt an Vitamin C viele Mineralstoffe enthält, die eine entwässernde und blutreinigende Wirkung entfalten. Bei den Wirtshaus-Einheitsgerichten stellt die Petersilie oft den wertvollsten Bestandteil dar und sollte auf jeden Fall verzehrt werden! Im Frühjahr dürfen Sie die jungen Brennessel-Blätter in größeren Mengen als Salat zu den Körnern essen. Sie überwinden dann leichter die Frühjahrsmüdigkeit. Brennessel-Blätter kann man selber suchen, achten Sie aber darauf, daß der Standort sauber ist und nicht gleich neben einer stark befahrenen Straße oder einem Industriegebiet liegt.

Stoffwechsel-Aktivierung

Zur Steigerung der entschlackenden Wirkung ist eine Stoffwechsel-Aktivierung sinnvoll, d. h. eine Anregung von Leber, Galle und Niere. Dazu eigenen sich besonders:

- Artischocken-Saft (Reformhaus)
- Löwenzahn (Saft oder Tee)
- Wacholder (getrocknete Beeren, flüssige Zubereitung oder Wacholderöl-Kapseln)
- flüssige Bierhefe (VITAM)
- Kernöl-Kapseln (Schwarze Johannisbeere).

Förderung der Darmtätigkeit

Besonders bei Neigung zu Verstopfung eignen sich zur Anregung der Darmtätigkeit ballaststoffhaltige Lebensmittel, insbesondere
- Leinsamen (brauner, gelber, ganz oder aufgeschlossen)
- Kleie.

Wichtig ist, pro Eßlöffel ein Glas Flüssigkeit hinterher zu trinken, da Leinsamen und Kleie Wasser zum Quellen benötigen. Durch das vergrößerte Volumen wird die Darmtätigkeit auf natürliche und unschädliche Weise angeregt.

Darmsanierung

In vielen Fällen ist es darüber hinaus sinnvoll, die Darmflora zu sanieren, besonders dann, wenn man auf Abführmittel verzichten möchte. Durch falsche Ernährung, insbesondere, wenn Ballaststoffe in der Nahrung fehlen, und bei zuviel Zuckerverzehr befinden sich im Darm oft nicht die richtigen Darmbakterien. Die Ansiedlung der gesunden Darmflora kann unterstützt werden durch
- Molke (mit L (+)-Milchsäure)
- Sanoghurt (Reformhaus)
- Milchzucker.

Herz-Kreislauf-System

Übergewicht und falsche Ernährung (zu viel tierische Fette und Zucker) belasten das Herz-Kreislauf-System, führen zu Arterienverkalkung und können das Risiko von ernsthaften Erkrankungen wie Bluthochdruck und Herzinfarkt erhöhen. Es ist anzuraten, Heilkräuter, Vitamine und Mineralstoffe vorbeugend einzusetzen:

- Knoblauch: gegen Arterienverkalkung
- Mistel: Regulierung des Blutdurchflusses und Blutdrucks
- Weißdorn: Erweiterung der feinen Blutgefäße, besonders am Herz
- Vitamin E: Verbesserung der Sauerstoffversorgung und

Leistungsfähigkeit
- Magnesium: Steigerung der Herzleistung.

Vitalstoffe

Eine gute Verbesserung der Vitalstoffzufuhr bringt das Trinken von ½ Glas Keim-Getreide-Trunk (Dr. Ritter) täglich morgens zum Frühstück. Dieses Gärgetränk ist reich an B-Vitaminen, Mineralstoffen, Spurenelementen und wirkt durch die L(+)-Milchsäure stoffwechselaktivierend und sanierend auf die Darmflora.
Bei längerer Kurdauer sollten Ergänzungen der Ernährung erfolgen, um die Versorgung mit lebensnotwendigen Stoffen sicherzustellen:

- Multi-Vitamin-Präparat
- Mineralstoff-Präparat
- 0,5 l Diät-Kurmolke oder ein Eiweiß-Präparat.

Welche Fragen sind noch offen?

Vor Beginn Ihrer Körner-Kur noch einige Hinweise:

- Sollten Ihnen einige Rezept-Zutaten nicht bekannt sein oder Sie nicht wissen, wo Sie sie einkaufen können, wenden Sie sich an das nächste Reformhaus. Dort bekommen Sie ja auch das fertig abgepackte Getreide für die 7-Tage-Kur (Dr. Ritter GmbH & Co., Köln).
- Wenn Sie gemerkt haben, wie gut eine vollwertige Nahrung Ihnen tut, versuchen Sie doch, mehr und mehr Ihre Kost nach den Erkenntnissen der modernen Vollwerternährung zusammenzustellen. Zur Entschlackung und als fleischloser Entlastungstag bietet es sich an, jede Woche einen Körner-Tag einzulegen. Dazu eignen sich neben den Getreidesäckchen der Körner-Kur auch Getreide-Zubereitungen, die in einer Minute gar sind (Reistag, Roggentag, Gerstentag usw.).
- Möchten Sie sich weitergehend über gesunde Vollwerter-

nährung informieren, wenden Sie sich an das Fachpersonal im Reformhaus. Dort gibt es auch kurze informative Broschüren zu Fragen der gesunden Ernährung. Auch bei bestimmten Erkrankungen, wie z.B. Diabetes, Fettstoffwechselstörung, Bluthochdruck, Übergewicht etc., finden Sie dort Rat.

– Nach meinen Vorträgen kommen aus dem Publikum immer wieder Fragen zur gesunden Ernährung, denn dieses Thema ist heute aktueller denn je. Viele Menschen wünschen eine sachliche, fachlich fundierte, aber auch verständliche Information. Natürlich stehe ich bei Vorträgen oder in meinem Reformhaus zur Beantwortung von Fragen zur Verfügung.

– Einer erfolgreichen Durchführung der 7-Tage-Körner-Kur dürfte nun nichts mehr im Wege stehen. Wenn Sie diese Kur zum ersten Mal machen wollen, geben sie sich jetzt einen Ruck – kommen Sie heraus aus Ihrem Ernährungstrott! Sie werden nach einer Woche zu den überzeugten Anhängern der Körner-Kur gehören. Haben Sie bereits Körner-Kur-Erfahrung, so werden Ihnen die folgenden Rezepte eine Fülle von Anregungen zur abwechslungsreichen Gestaltung der Körner-Mahlzeiten geben. Ich wünsche Ihnen in jedem Fall viel Erfolg mit der 7-Tage-Körner-Kur!

Abkürzungen: TL = Teelöffel
      EL = Eßlöffel

Original-Kur[1]

Zum ersten Mal wurden die Original-Rezepte zur 7-Tage-Körner-Kur im Jahre 1981 veröffentlicht. Viele Menschen fanden das Konzept überzeugend, mit ballaststoffhaltigem Vollgetreide eine Abmagerungs- und Entschlackungskur zu machen, ohne Hunger zu verspüren. Die Original-Rezepte enthalten die unbedingt notwendigen Angaben zur Zubereitung, mit Spielraum zur eigenen Gestaltung; sie sind zu jeder Jahreszeit anwendbar. Es hängt jedoch von der Begabung und Phantasie der Hausfrau ab, ob die Mahlzeiten auch schmecken und keine Langeweile aufkommt. Sollten Ihnen einige Rezepte nicht sympathisch sein, blättern Sie das Büchlein durch und suchen Sie sich aus den anderen Kuren das heraus, was Ihnen schmeckt. Nur sollten Sie die Reihenfolge der Körner-Arten nicht ändern und die Kur möglichst nicht unterbrechen, da sonst der Erfolg gefährdet ist. Insbesondere die Entschlackung und Umstimmung des Stoffwechsels kann nicht gelingen, wenn Sie zwischendurch schwach werden oder aus gesellschaftlicher Verpflichtung andere, größere Mahlzeiten verzehren müssen. Suchen sie sich eine Woche aus, in der sie weder Besuche machen noch Besuche empfangen müssen, eine Woche ohne Geburtstage oder andere Feiertage. Dann wird der Erfolg Ihre Kur belohnen.

Natürlich können Sie auch mal in Ihren normalen Speiseplan eine Körnermahlzeit oder einen Körner-Tag einschieben. Sie haben dann eine leichte, kalorienarme und trotzdem sättigende Alternative zum Alltagstrott der normalen Speiseabfolge. Eine große, spürbare Wirkung, wie sie eine Wochen-Kur bringt, dürfen Sie dann natürlich nicht erwarten. Aber die Körner-Kost kann Ihnen z.B. sehr gut helfen, Ihr Gewicht zu halten und nicht zuzunehmen.

---

[1] Mit freundlicher Genehmigung der Dr. Ritter GmbH & Co., Köln

Original-Kur 1. Tag

1. Tag: Weizengrütze

Man kocht 170 g Weizengrütze in ¾ l Wasser auf, läßt den Brei auf Warmhaltestufe 15 Minuten ausquellen und teilt ihn in 3 Portionen.

Frühstück: Eine Portion Weizengrütze mit Joghurt (ca. 125 g) aufrühren und Obst der Jahreszeit, gerieben oder geschnitten, je nach Geschmack zufügen.

Mittagessen: ¼ Gurke, ¼ Zwiebel und 1 kleine Paprikaschote in Stücke schneiden; mit 2 EL Tomatenmark (oder frischen Tomaten), 1 TL Gemüsebrühe, Paprika, Oregano und Pfeffer in der Pfanne würzen. Alles bei geschlossenem Deckel dünsten und als Soße über das zweite Drittel des erwärmten Weizenbreies geben.

Abendessen: In das letzte Drittel eine halbe Gurke in Scheiben schneiden, 1 EL Joghurt (oder saure Sahne) und 100 ml Magermilch beimengen; dann mit Dillspitzen und Pfeffer würzen.

Das „andere" Rezept:

Zucchiniteller

Zutaten: ⅓ Weizengrütze, ¼ l Hefegemüsebrühe, 125 g Zucchini, 1 EL Magerquark, 2 EL geriebener Käse.

Weizengrütze in Gemüsebrühe aufkochen und 15 Min. ausquellen lassen. Zucchini waschen, in kleine Würfel schneiden, kurz dünsten und mit Quark unter Getreidemasse heben. Mit Käse bestreuen und im Backofen kurz überbacken.

2. Tag: Hirse

170 g geschälte Hirse in ¾ l Wasser aufkochen, auf Warmhaltestufe 30 Min. ausquellen lassen und in 3 Portionen aufteilen.

Frühstück: Joghurt (ca. 125 g), 10 g geriebene Haselnüsse sowie Obst der Jahreszeit (gerieben oder geschnitten) in die erste Hirseportion rühren und mit ca. 1 TL Honig und Zitronensaft abschmecken.

Mittagessen: 1 ½ TL Gemüsebrühe in ⅛ l Wasser aufbrühen. Darin die 2. Portion Hirsebrei einrühren und erwärmen. Mit frischen Kräutern wie Petersilie, Dillspitzen, Kresse, Schnittlauch, evtl. noch mit Borretsch, Kerbel und Sauerampfer würzen. Wer es besonders herzhaft mag, streut geriebenen Käse darüber.

Abendessen: Den restlichen Hirsebrei mit 3 TL Tomatenmark und 1 TL Gemüsebrühe erwärmen, mit frischer Petersilie, Kresse, Oregano und wer mag, noch mit Knoblauch würzen.

Das „andere" Rezept

Hirse mit Trockenobst

Zutaten: ⅓ Hirse, ¼ l Wasser, 100 g ungeschwefeltes Trockenobst (Pflaumen, Birnen, Apfelringe, Aprikosen etc.), 1 EL Weizenkeime, 1 EL geschnittene Mandeln, gem. Bourbon-Vanille, Delifrut.

Trockenobst schon am Vorabend einweichen. Hirse in ¼ l Wasser aufkochen und 30 Min. ausquellen lassen. Trockenobst klein schneiden, mit Vanille und Delifrut abschmecken und zum Hirsebrei geben. Mit Mandeln bestreut servieren.

3. Tag: Hafergrütze

170 g Hafergrütze in ¾ l Wasser aufkochen, auf Warmhaltestufe 20 Minuten ausquellen lassen und in 3 Portionen teilen.

Frühstück: Ein Drittel Hafergrütze wird mit einem geriebenen Apfel und 2 EL Joghurt aufgerührt, mit einer Messerspitze Zimtpulver oder Anispulver gewürzt, mit Süßstoff abgeschmeckt und kalt serviert.

Mittagessen: In die Hafergrütze werden 2 EL Joghurt, eine geraspelte Möhre, ein geraspelter Apfel und 1 TL Zitronensaft gegeben. Beim Durchrühren wird mit Süßstoff abgeschmeckt.

Abendessen: Die restliche Hafergrütze wird mit 2 EL Joghurt und den Stückchen einer Orange vermengt, mit einer Messerspitze Zimtpulver oder Anispulver gewürzt und mit Süßstoff abgeschmeckt.

Das „andere" Rezept

Mit Hafergrütze gefüllte Gurke

Zutaten: ⅓ Hafergrütze, ¼ l Hefegemüsebrühe, 1 Salatgurke, 2 EL Tomatenmark (natriumarm), Picata, ⅛ l Hefegemüsebrühe.

Hafergrütze in ¼ l Gemüsebrühe aufkochen und 20 Min. ausquellen lassen. Gurke aushöhlen, das Innere der Gurke kleinschneiden und zusammen mit Tomatenmark unter Hafergrütze heben. Füllung mit Picata würzen, Gurke füllen und in Hefegemüsebrühe gardünsten.

4. Tag: Naturreis

150 g rohen braunen Reis mit 2 Tassen Wasser bei geringer Hitze 40 Min. kochen. ½ Pfund Obst der Jahreszeit (z.B. Birnen, Äpfel, Erdbeeren u.a.m.) ohne Zucker zu Kompott verarbeiten und unter den fertigen Reis mischen (es kann auch tischfertiges Dunstobst verwendet werden). Zuletzt mit Zitronensaft, Zimtpulver und Süßstoff abschmecken.

Die fertige Speise wird für die Tagesmahlzeiten in 3 Portionen geteilt.

Das „andere" Rezept

Reissalat mit Chinakohl

Zutaten: ⅓ Reis, 1 Tasse Wasser, 1 TL Hefegemüsebrühe, 100 g Chinakohl, 1 TL Olivenöl, 1 TL frisch gepreßter Zitronensaft, 1 TL Obstessig, 1 TL Sojasoße.

Reis mit 1 Tasse Wasser und Gemüsebrühe bei geringer Hitze 40 Min. ausquellen lassen. Chinakohl in Streifen schneiden und unter Reis heben. Aus Olivenöl, Zitronensaft, Obstessig und Sojasoße eine Soße bereiten und über den Salat geben.

Reis

5. Tag: Gerstengrütze

170 g Gerstengrütze in ¾ l Wasser aufkochen, auf Warmhaltestufe 20 Minuten ausquellen lassen und den Grützbrei in 3 Portionen teilen.

Frühstück: Ein Drittel der Gerstengrütze wird mit 2 EL Joghurt und 1 TL Kakao aufgerührt, mit Süßstoff abgeschmeckt und dann mit Bananenscheiben garniert. 1 TL Weizenkeime darüber gestreut runden den Geschmack ab.

Mittagessen: 1 ½ TL Gemüsebrühe in ⅛ l Wasser aufbrühen und die Gerstengrütze darin erhitzen; dann mit Hefeflocken (je nach Geschmack), Knoblauch und Oregano abschmecken. 1 TL geriebener Käse wird zur Geschmacksabrundung darüber gestreut.

Abendessen: Die restliche Gerstengrütze wird mit ¼ l Brühe aus 2 EL Tomatenmark, 1 TL Gemüsebrühe sowie einer halben Zwiebel (fein gehackt und gedünstet) erhitzt, mit Curry abgeschmeckt und schließlich mit möglichst frisch gehackter Petersilie überstreut.

Das „andere" Rezept

Kresse-Nest

Zutaten: ⅓ Gerstengrütze, ¼ l Wasser, 1 TL Hefegemüsebrühe, 1 Bund Frühlingszwiebel, 1 Knoblauchzehe, frisch gekeimte Kresse nach Belieben.

Kressesamen 4–6 Tage vorher zum Keimen ansetzen (in Keimapparat oder auf Teller). Gerstengrütze in Gemüsebrühe aufkochen und 20 Minuten ausquellen lassen. Frühlingszwiebel waschen, putzen, kleinschneiden und mit wenig Wasser kurz dünsten. Knoblauchzehe zerkleinern und mit Zwiebeln unter Gerste heben. Frisch gekeimte Kresse um Gerstengrütze garnieren.

6. Tag: Buchweizengrütze

170 g Buchweizengrütze in ¾ l Wasser aufkochen, auf Warmhaltestufe 20 Minuten ausquellen lassen und in 3 Portionen teilen.

Frühstück: Die Buchweizengrütze mit 100 ml warmer Milch und geriebenem oder geschnittenem Obst der Jahreszeit verrühren. Je nach Geschmack mit Honig oder Süßstoff süßen.

Mittagessen: In 150 g Magerquark dünne Ringe einer halben Zwiebel schneiden, ebenso 1–2 Gewürzgurken hineinschneiden. Die Buchweizengrütze dazugeben, mit etwas Magermilch durchrühren und mit Gemüsebrühe (aus 1 TL), Pfeffer, einem Lorbeerblatt sowie Wacholderbeeren würzen. Speiseöl und etwas Obstessig runden den Geschmack ab.

Abendessen: Die letzte Portion wird mit Joghurt (oder Kefir ca. 125 g) verrührt und mit Süßstoff sowie einer Messerspitze Zimtpulver abgeschmeckt.

Das „andere" Rezept

Kerbelsuppe

Zutaten: ⅓ Buchweizengrütze, ½ l Wasser, 1 TL Hefegemüsebrühe, 1 Zwiebel, 80 g Kerbel oder Küchenkräuter eigener Wahl, etwas Knoblauch und Pfeffer.

Buchweizengrütze in Gemüsebrühe aufkochen und 20 Minuten nachquellen lassen. Kerbel waschen und kleinschneiden. Zwiebel hacken, in einer Pfanne anrösten und zusammen mit Kerbel, etwas Knoblauch und Pfeffer zur Grützsuppe geben.

7. Tag: Mehrkorn-Getreidemischung

170 g Mehrkorn-Getreidemischung (Weizen, Roggen, Gerste, Hafer, Hirse und Buchweizen) in ¾ l Wasser aufkochen, auf Warmhaltestufe 20 Minuten quellen lassen und in 3 Portionen teilen.

Frühstück: Joghurt (ca. 125 g), 2 volle EL geriebener Apfel sowie 1 TL Honig mit dem Mehrkornbrei verrühren und je nach Geschmack mit Anis- oder Zimtpulver verfeinern.

Mittagessen: 1 ½ TL Gemüsebrühe in ⅛ l Wasser aufbrühen. Eine Stange Lauch in Ringen hineinschneiden, etwas kleingehackte Zwiebel dazugeben und darin den Mehrkornbrei beim Einrühren erwärmen. Der herzhafte Geschmack wird durch geriebenen Käse betont.

Abendessen: Den restlichen Mehrkornbrei mit etwas Magermilch aufrühren, dann mit 1 EL geriebener Haselnüsse und einer gequetschten Banane verfeinern.

Das „andere" Rezept:

Mehrkorn-Dattelbrei

Zutaten: ⅓ Getreidemischung, ⅛ l Wasser, 50 g Datteln, 1 EL Sanddorn, 1 EL Pinienkerne, ½ l Molke.

Getreidemischung mit Wasser und kleingeschnittenen Datteln (oder Dattelmark) zum Kochen bringen, 20 Minuten quellen lassen und mit Sanddorn und zerhackten Pinienkernen verfeinern. Dazu Molke trinken.

Baden-Badener Diätwoche

Baden-Baden ist eine berühmte Kurstadt mit langer Tradition. Aber auch dem Neuen ist man dort aufgeschlossen, wenn es sich um eine so überzeugende Idee handelt wie bei der 7-Tage-Körner-Kur. Der Inhaber des bekannten Restaurants Molkenkur, Herr Claus Himburg, war vom Konzept der Körner-Kur sofort begeistert und kam auf die Idee, seinen Gästen abwechslungsreiche Getreide-Gerichte zu kreieren. Der Küchenchef entwickelte schmackhafte Mittags- und Abendmahlzeiten, die die Teilnehmer der ersten Baden-Badener Diätwoche im März 1985 im Restaurant Molkenkur serviert bekamen. Das Frühstück wurde weitgehend vorbereitet den 45 Teilnehmern am Vorabend mitgegeben. Ebenso die Zwischenmahlzeiten, meist aus Obst, Vollkorngebäck und Sauermilchprodukten bestehend.

Der exakt ausgearbeitete Kurplan basiert auf durchschnittlich ca. 1000 kcal pro Tag und ist in der Menge so umfangreich, daß kein Hungergefühl entsteht. Mit Hilfe der im folgenden dargestellten Rezepte können auch Sie diese erfolgreiche Kur zu Hause durchführen.

Übrigens machten alle 45 Teilnehmer bis zum Ende begeistert mit, einigen waren die angebotenen Mahlzeiten sogar zu umfangreich. Im Durchschnitt verloren die Damen und Herren innerhalb von 7 Tagen 2,5 bis 3 kg, ein Herr stellte mit 10 Pfund Gewichtsverlust einen Rekord auf. Dabei kamen die verlorenen Pfunde in versilberter Form einem weiteren guten Zweck zugute. Für jedes Pfund wurden der „Aktion Sorgenkind" 50,— DM gespendet!

Baden-Badener Diätwoche   1. Tag

WEIZENGRÜTZE

Frühstück: **Weizengrütze mit Erdbeeren**

Zutaten:
40 g Weizengrütze
70 g fettarmer Joghurt
60 g Erdbeeren
Zitronensaft
Süßstoff

Gesamte Tagesmenge Weizengrütze mit ½ Liter Wasser aufkochen, 15 Minuten ausquellen lassen und fürs Frühstück etwa ein Viertel weiter zubereiten.

Erdbeeren waschen, putzen und in Viertel schneiden, zusammen mit Joghurt unter Weizengrütze heben. Mit Zitronensaft und evtl. Süßstoff abschmecken. Dazu Tee oder Kaffee ohne Milch und Zucker trinken.

Zwischengericht: 150 g Apfel

Mittagessen: **Bunte Gemüsepfanne**

Zutaten:
70 g Weizengrütze
20 g Karotten
20 g Lauch
20 g Blumenkohlröschen
20 g Broccoli
20 g Tomatenwürfel
2 g Gemüse-Hefebrühe
Diätsalz, Pfeffer, frische Kräuter
20 g fettarmer Joghurt

Baden-Badener Diätwoche — 1. Tag

WEIZENGRÜTZE

Gemüse in mundgerechte Stücke schneiden und in ¼ l Wasser mit Gemüse-Hefebrühe knackig weich kochen. Weizengrütze dazugeben, mit Diätsalz, Pfeffer und frischen Kräutern abschmecken und mit einem Tupfer Joghurt vollenden.

Zwischengericht: 2 Stück Vollkorn-Leinsamenkekse
20 g Magerquark mit frischen Kräutern

Abendessen: **Gemüsecocktail mit Weizenkörnern**

Zutaten:
60 g Weizengrütze
20 g Karotten
20 g Blumenkohlröschen
20 g Broccoli
20 g Tomaten
40 g grüner Salat
Zitronensaft, Diätsalz, Pfeffer
20 g saure Sahne

Karotten raspeln, Gemüse in kleine Stücke schneiden, Blumenkohl und Broccoli kurz dünsten, mit Karotten und Tomaten unter Weizengrütze heben. Mit Zitronensaft, Diätsalz und Pfeffer abschmecken, auf grünen Salatblättern servieren, saure Sahne darüber geben.

Baden-Badener Diätwoche · 2. Tag

HIRSE

Frühstück: ## Hirse mit Himbeeren

Zutaten:
40 g Hirsebrei
50 g Himbeeren (tiefkühl)
150 ml Buttermilch
Süßstoff, Zitronenmelisse

Hirse mit Buttermilch aufkochen, auf Warmhaltestufe 30 Min. ausquellen lassen. Himbeeren auftauen und unter Hirse mengen. Mit Süßstoff und Zitronenmelisse abschmecken.

Zwischengericht: 150 g Birne

Mittagessen: ## Hirse-Curry mit grünem Salat

Zutaten:
70 g Hirsebrei
50 g Banane
10 g Sahne
20 g geriebener Apfel
Curry, Diätsalz, Pfeffer, Kräuter
30 g grüner Salat
Zitronensaft, Kräuter

130 g Hirse mit ½ l Wasser aufkochen, 30 Min. ausquellen lassen und teilen. Geriebener Apfel zusammen mit Sahne unter Hirsebrei heben. Aus Sahne und Curry, Diätsalz, Pfeffer und Kräutern Sauce herstellen. Banane halbieren und überbacken. Dazu grünen Salat mit Zitronen-Sauce servieren.

Baden-Badener Diätwoche — 2. Tag

HIRSE

Zwischengericht: 2 Stück Vollkorn-Sechskornkekse
10 g Magerquark
20 g Kiwi

Abendessen: **Hirserösti mit Obst**

Zutaten:
60 g Hirsebrei
1 Ei
50 g Birne
20 g Kiwi
30 g Erdbeeren
60 g Mandarine

Aus Hirsebrei, vermengt mit Ei, Bratlinge formen, in Pfanne oder Backofen braten/backen. Obst in Stücke schneiden und dazu servieren.

Hirse

Eine der ältesten Getreidearten, heute vor allem in Afrika noch von großer Bedeutung. Geschälte, goldgelbe, kugelrunde kleine Körnchen. Sie ist das mineralstoffreichste Getreide mit hohen Anteilen an Magnesium, Phosphor, Eisen und Kieselsäure, einem für Haut, Haare, Nägel etc. wichtigen Mineralstoff.

Baden-Badener Diätwoche 3. Tag

HAFERGRÜTZE

Frühstück: ## Hafergrütze mit Apfel

Zutaten:
40 g Hafergrütze
100 g pürierter Apfel
Zitronensaft, Süßstoff

Gesamte Tagesmenge Hafergrütze in ½ l Wasser aufkochen, auf Warmhaltestufe 20 Min. ausquellen lassen und etwa ein Viertel weiter verarbeiten. Dazu Apfel pürieren, unterheben und mit Zitronensaft und Süßstoff abschmecken.

Zwischengericht: 150 g Karotten (geraspelt)
70 g Joghurt-Kräuterdip

Mittagessen: ## Gemüsebouquet mit Haferknödel

Zutaten:
70 g Hafergrütze
1 Ei
1 TL Gemüse-Hefebrühe
10 g Haferflocken
50 g Auberginen
80 g Tomaten
120 g Blattspinat
Diätsalz, Pfeffer, frische Kräuter

Hafergrütze mit Ei und Haferflocken vermengen, Knödel formen und in Gemüse-Hefebrühe vorsichtig erwärmen. Auberginen, Tomaten und Spinat kleinschneiden, kurz dünsten, würzen und zu Haferknödeln servieren.

Baden-Badener Diätwoche · 3. Tag

HAFERGRÜTZE

Zwischengericht: 1 Stück Knisterbrot
30 g Magerquark
30 g Erdbeeren

Abendessen: **Gemüsespieß mit Senfsoße auf Hafersockel**

Zutaten:
60 g Hafergrütze
2 g Gemüse-Hefebrühe
50 g Zucchini
30 g rote Paprikaschoten
50 g Karotten
30 g Champignons
Senfpulver, Diätsalz, Pfeffer, Ei, Mehl

Karotten, Zucchini, Paprikaschoten und Champignons kurz dünsten, auf einen Spieß stecken und würzen. Kurz durch Mehl und Ei ziehen und mit Hafer panieren. In Fett backen und mit Küchenkrepp abtupfen. Das Ganze auf einem Hafersockel anrichten und mit frischen Kräutern bestreuen.

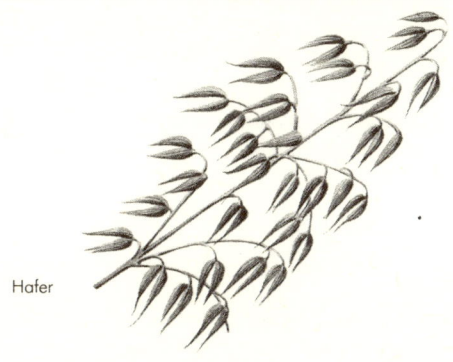

Hafer

Baden-Badener Diätwoche 4. Tag

NATURREIS

Frühstück: ### Naturreis mit Mandarine

Zutaten:
40 g Naturreis
200 ml fettarme Milch
50 g Mandarine
Zimtpulver, Süßstoff

Naturreis in Milch aufkochen und 40 Min. ausquellen lassen. Mandarine schälen, klein schneiden und unterheben. Mit Zimt und Süßstoff abschmecken.

Zwischengericht: 150 g Orange

Mittagessen: ### Geschnetzeltes Gemüse mit Naturreiskugeln

Zutaten:
60 g Naturreis
10 g Haferflocken
1 Ei
10 g Tapioka-Stärke
5 g Diät-Margarine
20 g Karotten
20 g Lauch
20 g Sellerie
20 g Champignons
20 g rote Paprikaschoten
Diätsalz, Pfeffer, frische Kräuter

110 g Naturreis mit 2 Tassen Wasser aufkochen, 40 Min. quellen lassen und teilen. Einer Portion Haferflocken und Ei

Baden-Badener Diätwoche 4. Tag

NATURREIS

hinzufügen, zu Kugeln formen, in Haferflocken drehen und in der Pfanne backen. Gemüsestreifen in wenig Margarine knackig dünsten, Tapioka-Stärke dazugeben und würzen.

Zwischengericht: 100 g fettarmer Joghurt
50 g Kiwi
Süßstoff

Abendessen: **Bunter Reissalat „China"**

Zutaten:
50 g Naturreis
100 g Chinakohl
30 g gekochtes Ei
80 g Tomaten
50 g fettarmer Joghurt
Diätsalz, Pfeffer, Curry, frische Kräuter, Kräuteressig

Chinakohl säubern und in Streifen schneiden, zusammen mit gewürfeltem Ei und Tomaten-Stücke unter Naturreis heben, würzen und Joghurt darüber geben.

Baden-Badener Diätwoche   5. Tag

GERSTENGRÜTZE

Frühstück: **Gerstengrütze mit Banane**

Zutaten:
40 g Gerstengrütze
80 g Banane
Zitronensaft, Süßstoff

Gesamte Tagesmenge Gerstengrütze mit ½ l Wasser aufkochen, 20 Min. quellen lassen und etwa ein Viertel weiterverarbeiten. Banane zerdrücken und mit Zitronensaft und Süßstoff unter Gerstengrütze geben.

Zwischengericht: 200 g Grapefruit

Mittagessen: **Schottische Gerstensuppe und Salatschüssel**

Zutaten:
70 g Gerstengrütze
2 g Gemüse-Hefebrühe
20 g Karotten
20 g Lauch
Diätsalz, frische Kräuter
80 g Gurke
20 g Kopfsalat
50 g Radieschen
20 g Kresse
20 g Chicoree
3 g Maiskeimöl, Kräuteressig, Diätsalz, Pfeffer, frische Kräuter
etwas Zwiebel und Knoblauch

Baden-Badener Diätwoche — 5. Tag

GERSTENGRÜTZE

Karotten und Lauch in Würfel schneiden, in 0,2 l Wasser mit Gemüse-Hefebrühe kurz köcheln lassen. Gerstengrütze dazu geben und würzen. Aus Gurke, Kopfsalat, Chicoree einen Salat herstellen mit leichtem Dressing aus Maiskeimöl, Kräuteressig, Zwiebel und Knoblauch. Mit Kresse und Radieschenscheiben bestreuen.

Zwischengericht: 80 g Eisbergsalat
 70 g Joghurt-Kräuterdip

Abendessen: **Fitness-Salat**

Zutaten:
60 g Gerstengrütze
100 g körniger Frischkäse
50 g Apfelwürfel
Diätsalz, Pfeffer, Zitronensaft
Kresse, frische Kräuter

Apfel schälen und würfeln, zusammen mit Frischkäse und Zitronensaft unter Gerstengrütze heben. Mit Pfeffer, Diätsalz und frischen Kräutern würzen, Kresse darüber streuen.

BUCHWEIZENGRÜTZE

Frühstück: **Buchweizen mit Himbeeren**

Zutaten:
 40 g Buchweizengrütze
 100 ml fettarme Milch
 50 g Himbeeren (tiefkühl)
 Süßstoff

Buchweizen in Milch aufkochen und 20 Min. ausquellen lassen. Himbeeren auftauen und unter Buchweizen heben. Evtl. mit Süßstoff abschmecken.

Zwischengericht: 150 ml Buttermilch
 5 g Molke-Kur-Instant
 Zitronensaft, Süßstoff

Molke-Kur-Pulver in Buttermilch einstreuen, mit Zitronensaft und Süßstoff abschmecken.

Mittagessen: **Buchweizenplätzchen mit Champignon-Tomatensauce und grünem Salat**

Zutaten:
 70 g Buchweizengrütze
 1 Ei
 10 g Haferflocken
 150 g Tomaten, püriert
 50 g Champignons
 Diätsalz, Pfeffer, frische Kräuter
 30 g grüner Salat
 Zitronensaft, frische Kräuter

Baden-Badener Diätwoche — 6. Tag

BUCHWEIZENGRÜTZE

130 g Buchweizen mit ½ l Wasser aufkochen, 20 Min. quellen lassen und teilen. Eine Portion mixen, mit Ei vermischen und mit Haferflocken andicken, dann würzen. Zu Schnitten formen und braten. Tomaten und Champignons aufkochen, würzen und über Bratlinge geben. Dazu Salat servieren.

<u>Zwischengericht:</u> 100 g Radieschen
1 Stück Vollkornknäcke

<u>Abendessen:</u> **Buchweizenschnitten mit Kräuterquark**

Zutaten:
60 g Buchweizengrütze
1 Ei
10 g Haferflocken
120 g Magerquark
20 g fettarme Milch
frische Kräuter, Kresse, Diätsalz, Pfeffer

Portion Buchweizengrütze mixen, mit Ei vermischen und mit Haferflocken andicken, dann würzen. Zu Schnitten formen und braten. Aus Magerquark unter Zugabe von Milch, frischen Kräutern und Kresse Kräuterquark anrichten und zu Bratlingen servieren.

Baden-Badener Diätwoche — 7. Tag

MEHRKORN-GETREIDEMISCHUNG

Frühstück: **Obst-Getreidegrütze**

Zutaten:
40 g Mehrkorn-Getreidemischung
50 g Magerquark
100 g Äpfel
20 g Erdbeeren
Zitronensaft, Süßstoff

Gesamte Tagesmenge Mehrkorn-Getreidemischung mit ¾ l Wasser aufkochen, 20 Min. quellen lassen und ca. ein Viertel fürs Frühstück weiterverarbeiten. Dazu Äpfel schälen, würfeln, Erdbeeren pürieren und mit Quark unter Getreidegrütze heben. Mit Zitronensaft und Süßstoff verfeinern.

Zwischengericht: 2 Stück Knisterbrot
10 g Magerquark
20 g Tomate
30 g Gurke

Mittagessen: **Gurke gefüllt mit 6-Körnern**

Zutaten:
70 g Mehrkorngrütze
200 g Gurke
20 g saure Sahne
50 g Tomaten
Diätsalz, Pfeffer, frische Kräuter

Gurke halbieren und aushöhlen. Mehrkorn-Getreidegrütze mit saurer Sahne und Tomatenstückchen vermengen, wür-

Baden-Badener Diätwoche — 7. Tag

MEHRKORN-GETREIDEMISCHUNG

zen und in Gurke füllen. Etwa ½ Stunde bei 180° C schmoren.

Zwischengericht: 100 g Erdbeeren
Süßstoff

Abendessen: **Frühlingssalat**

Zutaten:
60 g Mehrkorn-Getreidegrütze
70 g fettarmer Joghurt
20 g saure Sahne
80 g Spinat
30 g Radieschen
30 g Champignons
Diätsalz, Pfeffer, frische Kräuter

Gemüse waschen, zerkleinern und Salat herstellen. Aus Sahne mit Kräutern Sauce bereiten, würzen. Joghurt unter Getreidegrütze geben, würzen und zum Salat servieren.

Frühjahrs-Kur

Das Frühjahr ist die klassische Zeit für Entschlackungskuren. Nach dem Winter leiden viele Menschen unter Frühjahrsmüdigkeit, sind abgeschlafft und nicht voll leistungsfähig. Dazu kommt noch der angegessene Winterspeck, so daß die 7-Tage-Körner-Kur im Frühjahr besonders gerne durchgeführt wird.

Bedingt durch eine vitaminarme Winterkost ist im Frühjahr oft ein latenter Vitaminmangel festzustellen. Deshalb wird in den Rezepten der Frühjahrs-Kur besonders viel frisches Obst und Gemüse verwendet. Auch die Vitamin C-haltige Brennnessel wird empfohlen, da sie zusätzlich eine entwässernde/blutreinigende Wirkung hat. Typische Frühjahrs-Zutaten bestimmen den Speiseplan: Spargel, Rhabarber, erster Freiland-Kopfsalat, erste Radieschen, Lauch, Petersilie und Frühlingszwiebeln. Außerdem eine Besonderheit: das Fastenbrot, eine willkommene Alternative zu den sonst üblichen Getreidebrei-Zubereitungen.

Wenn es schnell gehen soll und Sie die Brotaufstriche nicht selbst zubereiten wollen, verwenden Sie fruchtige Aufstriche ohne Zucker oder Süßstoff, die trotzdem wenig Kalorien enthalten. Auch pikante vegetarische Brotaufstriche sind erlaubt, da sie kein Fleisch enthalten.

Besonders im Frühjahr bietet es sich an, die entwässernde Wirkung der Kur durch Heilkräuter zu unterstützen. Blutreinigung, Entschlackung und Stoffwechselaktivierung erreichen Sie bei der Anwendung von Wacholderbeeren, Brennnessel, Birke, Petersilie und Brunnenkresse.

FASTENBROT

Vor Beginn der Frühjahrs-Kur wird aus einem Drittel aller Getreidesorten ein Fastenbrot gebacken, welches mit verschiedenen Brotaufstrichen jeweils zum Frühstück verzehrt wird.

Fastenbrot

Zutaten:
jeweils ⅓ aller sieben Getreidesorten
3 EL Vollkorn-Weizenmehl (Typ 1700)
3 EL Sonnenblumenkerne
200 ml warmes Wasser
½ Päckchen Trockenhefe
1 Päckchen Instant-Sauerteig

Getreide mit Ausnahme von Hirse und Hafer mehlfein mahlen (sollten Sie keine Getreidemühle besitzen, lassen Sie es sich in Ihrem Reformhaus mahlen). Hirse und Hafer mit wenig Wasser über Nacht quellen lassen. Alles Getreide, drei Eßlöffel Vollkornmehl und die Sonnenblumenkerne in eine Rührschüssel geben. Zuletzt Hefe und Sauerteig dazugeben. Mit Küchenmaschine unter Zugabe von Wasser einen festen Teig kneten (muß sich von der Schüssel lösen). Teig bis auf das doppelte Volumen gehen lassen. Brot ausformen, in Kastenform geben (oder aus Aluminium-Folie Form auf Backblech herstellen) und nochmals gehen lassen. Bei 220°–230°C ca. 50 Min. backen.

Kresse-Keimlinge: Für den fünften Tag werden Kresse-Keimlinge benötigt. Jetzt zu Beginn der Kur Kresse-Samen in Keimgerät oder auf Teller mit Wasser zum Keimen ansetzen!

Frühjahrs-Kur 1. Tag

WEIZENGRÜTZE

Frühstück: **Fastenbrot mit Schnittlauch-Quark**

Zutaten:
2 Scheiben Fastenbrot
2 EL Magerquark
1 EL Schnittlauchröllchen (frisch oder gefriergetrocknet)
Paprika, Pfeffer
Getränk: 200 ml Buttermilch

Schnittlauch waschen und in feine Röllchen schneiden. Mit Quark vermischen, würzen und zwei Scheiben Fastenbrot damit bestreichen. Buttermilch dazu trinken.

Mittagessen: **Gemüsesuppe**

Zutaten:
⅓ Weizengrütze
1 TL Gemüse-Hefebrühe oder Gourmet italienisches Suppen- und Würzkonzentrat
¼ l Wasser
100 g Möhren
3 EL geriebener Käse
Petersilie (frisch oder gefriergetrocknet)

Zwei Portionen Weizengrütze mit ½ l Wasser und Gemüse-Hefebrühe aufkochen, 20 Min. ausquellen lassen und teilen. Möhre raspeln, Petersilie hacken und zusammen mit Wasser und geriebenem Käse einer Portion Weizengrütze zufügen. Kurz aufkochen.

Frühjahrs-Kur   1. Tag

WEIZENGRÜTZE

Abendessen: **Tomatensalat**

Zutaten:
⅓ Weizengrütze
1 Tomate
1 Schalotte
1 TL kaltgepreßtes Sonnenblumenöl
oder Distelöl
5 Blätter Kopfsalat
Endoferm-Gewürzmischung
Pfeffer, natriumarmer Senf, Obstessig,
Salatkräuter

Tomate und Schalotte kleinschneiden und unter Weizengrütze heben. Mit Öl, Essig, Endoferm, Pfeffer und Senf abschmecken und auf Salatblättern servieren.

Weizen

Frühjahrs-Kur 2. Tag

HIRSE

Frühstück: **Fastenbrot mit Haselnuß-Quark**

Zutaten:
2 Scheiben Fastenbrot
1 EL Magerquark
1 TL Pflanzenmargarine
1 TL gemahlene Haselnüsse
1 TL kaltgeschleuderter Honig
2 TL Honigsüße Hefeflocken
Zimt, Zitronensaft
Getränk: 200 ml Kurmolke

Aus Quark, Margarine und Haselnüssen einen Brotaufstrich herstellen, mit Honig, Honigsüßen Hefeflocken, Zimt und Zitronensaft abschmecken. Fastenbrot damit bestreichen und dazu 200 ml Kurmolke trinken.

Mittagessen: **Brennesselsuppe**

Zutaten:
⅓ Hirsebrei
2 TL Gemüse-Hefebrühe
100 g Brennessel oder Blattspinat
50 g Zwiebel
Muskat

Zwei Portionen Hirse mit ½ l Wasser und 1 TL Gemüse-Hefebrühe aufkochen, 15 Min. ausquellen lassen und teilen. Zwiebel hacken und anrösten. Junge Brennesselblätter waschen und zusammen mit ⅛ l Wasser und 1 TL Gemüse-Hefebrühe zu den Zwiebeln geben. Kurz dünsten, Hirsebrei zufügen und mit Muskat abschmecken.

Frühjahrs-Kur 2. Tag

HIRSE

Abendessen: **Porree-Salat**

Zutaten:
⅓ Hirsebrei
100 g Porree
50 g Käse
1 EL ungeschwefelte Sultaninen
2 EL Hüttenkäse

Porree waschen, in kleine Ringe schneiden und in wenig Wasser kurz dünsten. Käse in Würfel schneiden und zusammen mit Porree, Sultaninen und Hüttenkäse unter Hirsebrei heben. Gut durchziehen lassen.

Ausmahlungsgrad –
Welchen Typ bevorzugen Sie?

Der Ausmahlungsgrad bezeichnet bei Mehl oder Schrot den Anteil der Randschichten und Kleie, ausgedrückt mit der Typenzahl, welche den Anteil der Mineralstoffe im mg pro 100 g angibt. Das bedeutet, daß ein Mehl mit der Type 1700 in 100 g 1700 mg Mineralstoffe enthält, während ein Mehl mit der Type 405 in 100 g nur 405 mg Mineralstoffe aufweist. Je größer die Typenzahl, um so vollwertiger und dunkler ist das Mehl/der Schrot. Vollkornschrot/-mehl hat bei Weizen die Type 1700, bei Roggen 1800. Die Körnung fein oder grob wird dagegen durch die Bezeichnung Mehl/Schrot gekennzeichnet.

Frühjahrs-Kur 3. Tag

HAFERGRÜTZE

Frühstück: **Fastenbrot mit Paprika-Hüttenkäse**

Zutaten:
2 Scheiben Fastenbrot
2 EL Hüttenkäse
Paprika, Pfeffer
2–3 Radieschen
Getränk: 200 ml Buttermilch

Hüttenkäse mit Paprika und Pfeffer würzen und auf Fastenbrot streichen. Radieschen waschen, in Scheiben schneiden und auf Brot verteilen.

Mittagessen: **Champignons überbacken**

Zutaten:
⅓ Hafergrütze
1 TL Gemüse-Hefebrühe
150 g frische Champignons
50 g geriebener Käse
Petersilie (frisch oder gefriergetrocknet)

Zwei Portionen Hafergrütze mit ¼ l Wasser und Gemüse-Hefebrühe aufkochen, 15 Min. quellen lassen und teilen. Champignons waschen, putzen, kurz in wenig Wasser dünsten und zur Hafergrütze geben. Petersilie hacken, unterheben und Käse darüber streuen. In feuerfester Form bei 180° C überbacken, bis Käse geschmolzen ist.

Frühjahrs-Kur — 3. Tag

HAFERGRÜTZE

Abendessen: **Kohlrabi mit Hafergrütze**

Zutaten:
⅓ Hafergrütze
100 g Kohlrabi
2 EL Buttermilch
Schnittlauch
Muskat

Kohlrabi waschen und raspeln. Zusammen mit Buttermilch zur Hafergrütze geben und würzen. Mit geschnittenem Schnittlauch garnieren.

Hafer

Frühjahrs-Kur 4. Tag

NATURREIS

Frühstück: **Fastenbrot mit Pflaumen-Quark**

Zutaten:
2 Scheiben Fastenbrot
2 EL Magerquark
2 Trockenpflaumen
2 TL Honigsüße Hefeflocken
Getränk: 200 ml Kurmolke

Trockenpflaumen über Nacht mit wenig Wasser einweichen lassen. Morgens Pflaumen klein schneiden, mit Quark und Honigsüßen Hefeflocken vermengen, aufs Fastenbrot streichen und Kurmolke dazu trinken.

Mittagessen: **Reisauflauf pikant**

Zutaten:
⅓ Naturreis
100 g Möhren
1 Tomate
1 Ei
1 TL natriumarmes Tomatenmark
2 EL geriebener Käse

Zwei Portionen Naturreis mit zwei Tassen Wasser aufkochen, 40 Min. quellen lassen und teilen. Möhren waschen und raspeln, Tomate achteln und zusammen mit Eigelb und Tomatenmark unter Reis heben. Eiweiß zu Schnee schlagen, unterheben und Käse darüber verteilen. In feuerfester Form bei 180°–200°C 20–30 Min. überbacken.

Frühjahrs-Kur 4. Tag

NATURREIS

Abendessen: **Himbeeren mit Reis**

Zutaten:
⅓ Naturreis
100 ml Magermilch
2 EL Magerquark
150 g Himbeeren
evtl. 1 TL kaltgeschleuderter Honig

Magermilch, Quark und Reis gut vermischen, evtl. mit Honig süßen. Himbeeren darauf garnieren.

Naturreis

Hauptnahrungsmittel großer Teile der Weltbevölkerung. Reis besitzt aufgrund seines günstigen Kalium-/Natriumverhältnisses eine gute entwässernde Wirkung. Weißer Reis wird durch abschleifen/polieren des entspelzten Reises gewonnen. Da Mineralstoffe und Vitamine vorwiegend in den Randschichten angereichert sind, enthält ungeschälter Naturreis im Vergleich zum polierten Reis den vierfachen Gehalt an Eisen, Kalium, Magnesium, Phosphor und B-Vitamine. Typisch ist sein herzhafter, kerniger Geschmack.

Frühjahrs-Kur 5. Tag

GERSTENGRÜTZE

Frühstück: **Fastenbrot mit Tomaten-Aufstrich**

Zutaten:
2 Scheiben Fastenbrot
1 EL Magerquark
1 TL Pflanzenmargarine
1 TL natriumarmes Tomatenmark
Schnittlauch, Knoblauch
Getränk: 200 ml Kefir

Aus Quark, Margarine und Tomatenmark Brotaufstrich herstellen, mit Schnittlauch und Knoblauch würzen und Fastenbrot damit bestreichen. Dazu Kefir trinken.

Mittagessen: **Kressenest**

Zutaten:
⅓ Gerstengrütze
1 TL Gemüse-Hefebrühe
1 Bund Frühlingszwiebel
Kresse, evtl. Knoblauch

Kresse-Samen 5 Tage vorher in Keimgerät oder auf Teller mit Wasser zum Keimen ansetzen.
Zwei Portionen Gerstengrütze mit ½ l Wasser aufkochen, 15 Min. quellen lassen und teilen. Frühlingszwiebel waschen, putzen, kleinschneiden und kurz mit wenig Wasser dünsten. Eine Portion Gerstengrütze mit Gemüse-Hefebrühe, Kresse, Knoblauch und Zwiebel verfeinern. Frische Kresse um Grütze herum garnieren.

Frühjahrs-Kur   5. Tag

GERSTENGRÜTZE

Abendessen: **Rhabarberschüssel**

Zutaten:
⅓ Gerstengrütze
200 g Rhabarber
1 TL kaltgeschleuderter Honig
Bourbon-Vanille

Rhabarber waschen, putzen und in kleine Stücke schneiden, in etwas Wasser dünsten und unter Gerstengrütze geben. Mit Honig süßen und mit Vanille abschmecken.

Gerste

Frühjahrs-Kur 6. Tag

BUCHWEIZENGRÜTZE

Frühstück: **Fastenbrot mit Erdbeerquark**

Zutaten:
2 Scheiben Fastenbrot
2 EL Magerquark
3 Erdbeeren
1 TL kaltgeschleuderter Honig
Getränk: 200 ml Kurmolke

Erdbeeren zerkleinern und zusammen mit Honig unter Quark mischen. Aufstrich aufs Fastenbrot geben und Kurmolke dazu trinken.

Mittagessen: **Verhüllter Spargel**

Zutaten:
⅓ Buchweizengrütze
200 g Spargel
1 TL Gemüse-Hefebrühe
2 EL geriebener Käse
Muskat

Zwei Portionen Buchweizengrütze mit ½ l Wasser aufkochen, 15–20 Min. quellen lassen und teilen. Spargel waschen, schälen, kleinschneiden und in Gemüse-Hefebrühe garen. Abgießen (Brühe nicht weggießen, sondern trinken – entwässert gut!). Spargel unter Buchweizengrütze geben und würzen. Alles in feuerfeste Form füllen und mit Käse bestreuen. Im Backofen bei 180°–200°C kurz überbacken.

Frühjahrs-Kur 6. Tag

BUCHWEIZENGRÜTZE

Abendessen: **Buchweizen-Nuß-Brei**

Zutaten:
⅓ Buchweizengrütze
1 säuerlicher Apfel
1 EL gem. Haselnüsse
Zitronenmelisse

Apfel raspeln, Nüsse kurz anrösten und zusammen mit gehackter Zitronenmelisse unter Buchweizen heben. Mit Zitronenmelisse-Blättern garnieren.

Buchweizen

Geschälter Samen eines Knöterich-Gewächses, Tetraeder-förmig. Wird wie Getreide zur Bereitung von Grützen, Gebäcken und Pfannekuchen verwendet. Enthält u. a. die Mineralstoffe Kalium, Magnesium, Eisen und Kieselsäure.

Frühjahrs-Kur 7. Tag

MEHRKORN-GETREIDEMISCHUNG

Frühstück: **Fastenbrot mit Hüttenkäse**

Zutaten:
2 Scheiben Fastenbrot
2 EL Hüttenkäse
Pfeffer, Petersilie
Gurkenscheiben
Getränk: 200 ml Kurmolke

Hüttenkäse mit Pfeffer und Petersilie würzen und auf Fastenbrot verteilen, mit Gurkenscheiben belegen. Dazu Kurmolke trinken.

Mittagessen: **Fenchelgemüse**

Zutaten:
⅓ Mehrkorn-Getreidemischung
150 g Fenchel
1 TL Gemüse-Hefebrühe oder Gourmet
italienisches Suppen- und
Würzkonzentrat
Petersilie (frisch oder gefriergetrocknet)

Zwei Portionen Mehrkorn-Getreidemischung mit ½ l Wasser aufkochen, 20 Min. ausquellen lassen, abgießen und teilen. Fenchel im Kochwasser unter Zugabe von Gemüse-Hefebrühe gardünsten. Gehackte Petersilie unter Getreidebrei mischen, etwas zum Garnieren zurückbehalten.

Frühjahrs-Kur　　　　　　　　　　　　　　　　7. Tag

MEHRKORN-GETREIDEMISCHUNG

Abendessen: **Backapfel**

Zutaten:
⅓ Mehrkorn-Getreidemischung
1 großer säuerlicher Apfel (150 g)
1 EL Sanddorn-Saft
1 EL gehackte Mandeln
1 TL kaltgeschleuderter Honig
1 TL frisch gepreßter Zitronensaft

Apfel schälen und Kerngehäuse ausstechen. Öffnung noch etwas erweitern. Apfelstückchen zusammen mit Sanddorn unter Getreidemischung geben und damit Apfel füllen. Apfel mit Zitronensaft und Honig bepinseln und mit Mandeln bestreuen. Rest der Grütze um den Apfel verteilen und bei 180° – 200° C ca. 20 Min. überbacken.

Gewürze

Gewürze wirken durch Duft, Aroma, Farbe etc. appetitanregend und verdauungsfördernd. Der Übergang zwischen Gewürz, Küchenkraut und Heilkraut ist fließend und manchmal alleine eine Frage der Dosierung. Die Wirkstoffe sind insbesondere ätherische Öle, Bitterstoffe, Schleimstoffe und Mineralstoffe/Spurenelemente. Wegen der überseeischen Herkunft und damit verbundenen langen Transportwegen werden heute Gewürze/Kräuter häufig zur Vorbeugung vor Schädlingsbefall begast oder bestrahlt. Möchten Sie Gewürze kaufen, bei welchen diese Verfahren nicht eingesetzt wurden, gehen Sie ins nächste Reformhaus. Die Richtlinien der neuform verbieten den Einsatz solcher Methoden.

Sommer-Kur

Im Sommer werden überflüssige Pfunde als besonders störend empfunden. Übergewichtige fühlen sich bei höheren Temperaturen leicht unwohl. Viele Mitmenschen möchten auch im Badeanzug eine gute Figur machen und spätestens während der ersten Sommertage ihren Winterspeck loswerden. Da man bei höheren Temperaturen sowieso weniger Hunger hat, fällt es besonders leicht, jetzt eine Körner-Kur zu machen. Vielleicht reicht Ihnen jetzt sogar die Hälfte der vorgesehenen Tagesration – um so größer wird der erreichbare Gewichtsverlust.

Als Zwischenmahlzeit dürfen Sie hin und wieder mal ein Vollkorngebäck ohne Zuckerzusatz zu sich nehmen. Das dämpft das Hungergefühl, ohne den Kur-Erfolg in Frage zu stellen. Am besten eignen sich hierfür biologische Vollkornbackwaren.

Achten Sie besonders im Sommer darauf, daß Sie keine kalorienhaltigen Getränke wie Säfte, Limonade, Cola, Bier etc. zu sich nehmen!

Oft bringen Urlauber als besonderes Andenken ans gute Essen und weniger Bewegung während der Erholungszeit ein oder mehrere Pfund Übergewicht aus dem Urlaub mit nach Hause. Am besten werden diese Pfunde gleich nach dem Urlaub abgespeckt, ehe das höhere Gewicht aus Gewohnheit hingenommen wird!

Sommer-Kur 1. Tag

WEIZENGRÜTZE

Frühstück: **Weizengrütze mit Stachelbeeren**

Zutaten:
⅓ Weizengrütze
100 g Stachelbeeren
1 EL Magerquark
1 EL Birnendicksaft oder Honig

Gesamte Tagesmenge Weizengrütze in ½ l Wasser zum Kochen bringen, 15 Min. ausquellen lassen, in 3 Portionen teilen. Stachelbeeren waschen, Blüten und Stiele entfernen, halbieren, zusammen mit Quark unter Weizengrütze heben. Mit Birnendicksaft nach Geschmack süßen.

Mittagessen: **Zucchiniteller**

Zutaten:
⅓ Weizengrütze
125 g Zucchini
1 EL Magerquark
2 EL geriebener Käse
1 TL Gemüse-Hefebrühe
⅛ l Wasser

Magerquark zur Weizengrütze geben. Gemüse-Hefebrühe in etwas Wasser auflösen, Weizengrütze hierin erwärmen. Zucchini waschen, in kleine Würfel schneiden, kurz gardünsten und unter Weizengrütze heben. Mit Käse bestreuen und im Backofen kurz überbacken.
Schmeckt aber auch kalt serviert.

Sommer-Kur — 1. Tag

WEIZENGRÜTZE

Abendessen: **Chinakohlsalat**

Zutaten:
⅓ Weizengrütze
100 g Chinakohl
1 TL Hefeflocken
Endoferm-Gewürzmischung
Obstessig

Chinakohl säubern, in feine Streifen schneiden und unter Grütze heben. Mit Obstessig verfeinern und mit Endoferm und Hefeflocken würzen.

Weizen

Bevorzugtes Brotgetreide mit guten Backeigenschaften aufgrund des hohen Gehalts an Kleber-Eiweiß. Weizen ist gut bekömmlich und hat einen ausgewogenen Gehalt verschiedener Mineralstoffe sowie der Vitamine B 1 und E.

Sommer-Kur 2. Tag

HIRSE

Frühstück:

Hirsefrühstück mit Kokos

Zutaten:
⅓ Hirsebrei
125 g Kohlrabi
3 EL Kokosflocken
2 EL Buttermilch

Gesamte Tagesmenge Hirse in ½ l Wasser zum Kochen bringen und 20–30 Min. ausquellen lassen. In drei Portionen teilen. Kohlrabi waschen, schälen, raspeln und zusammen mit Buttermilch und Kokosflocken zum Hirsebrei geben.

Mittagessen:

Prinzeßbohnen mit Hirse

Zutaten:
⅓ Hirse
125 g Prinzeßbohnen
1 Stengel frisches Bohnenkraut
1 kleine Zwiebel
1 TL kaltgepreßtes Sonnenblumenöl
1 TL Gemüse-Hefebrühe

Bohnen waschen, putzen und in wenig Gemüse-Hefebrühe dünsten. Bohnenkraut waschen, Blättchen abzupfen und zu Bohnen geben. Zwiebel hacken, in Öl glasig dünsten, mit etwas Wasser auffüllen und Hirse aufwärmen. Aus Hirsebrei auf dem Teller einen Ring formen und Bohnen darin anrichten.

Sommer-Kur · 2. Tag

HIRSE

Abendessen: **Wildkräuter-Salat**

Zutaten:
⅓ Hirse
½ Apfel
50 g Eisbergsalat
70 g junge Löwenzahnblätter
Taubnesselblätter, Petersilie
Obstessig, Pfeffer

Wildkräuter und Eisbergsalat waschen, kleinschneiden und unter Hirse geben. Apfel raspeln und dazugeben. Mit Obstessig und Pfeffer abschmecken.

Kaltgepreßtes Öl

Um eine maximale Ausbeute zu erlangen, werden Ölsaaten heute in der Regel heiß gepreßt oder mittels Lösungsmittel extrahiert. Um das Öl von unerwünschten Stoffen zu befreien, muß es anschließend destilliert und raffiniert werden. Dadurch enthält das gewonnene reine Öl nicht mehr die wertvollen natürlichen Fettbegleitstoffe. Kaltgepreßtes Öl wird nicht raffiniert, enthält die von Natur gegebenen Fettinhaltstoffe wie Lecithin, Farbstoffe, Schleimstoffe, Geruchsstoffe und Vitamin E. Die wesentlich geringere Ausbeute bedingt natürlich einen höheren Preis. Zudem können für die Kaltpressung nur einwandfreie Ölsaaten verwendet werden.

Sommer-Kur 3. Tag

HAFERGRÜTZE

Frühstück: ### Hafergrütze mit Brombeeren

Zutaten:
⅓ Hafergrütze
125 g Brombeeren
1 TL Melasse oder Honig
gem. Bourbon-Vanille

Gesamte Tagesmenge Hafergrütze mit ½ l Wasser aufkochen und ca. 20 Min. ausquellen lassen. In 3 Portionen teilen. Brombeeren waschen. Eine Portion Hafergrütze mit Melasse und Vanille abschmecken und Brombeeren unterheben.

Mittagessen: ### Blumenkohl überbacken

Zutaten:
⅓ Hafergrütze
130 g Blumenkohl
3 EL Buttermilch
2 EL geriebener Käse
1 TL Gemüse-Hefebrühe
Muskat

Blumenkohl waschen und mit wenig Wasser kurz dünsten. Hafergrütze mit Gemüse-Hefebrühe würzen und auf einen feuerfesten Teller geben. Blumenkohlröschen darauf verteilen. Buttermilch mit geriebenem Käse verrühren, mit Muskat würzen und über Blumenkohl gießen. Ca. 15–20 Min. bei 180° C überbacken.

Sommer-Kur — 3. Tag

HAFERGRÜTZE

Abendessen: **Backkartoffeln mit Kräutermix**

Zutaten:
⅓ Hafergrütze
2 EL Hüttenkäse
1 EL Buttermilch
1 TL Hefeflocken
1 TL Sonnenblumenöl
Dill, Schnittlauch, Pfeffer, Paprika
1 neue Kartoffel (150 g)

Kartoffel in Scheiben schneiden, auf Backblech legen, mit Öl bepinseln und mit Paprikapulver bestreuen. Bei 180°–200°C ca. 30 Min. backen. Inzwischen aus Hüttenkäse, Buttermilch, Dill, Schnittlauch und Hafergrütze einen Kräutermix herstellen, mit Pfeffer und Hefeflocken würzen und zu Backkartoffeln servieren.

Würz-Hefe

Hefe eignet sich wegen ihres würzigen Geschmacks gut zum salzlosen Verfeinern von Speisen. Die hohe Konzentration von lebensnotwendigen Nährstoffen wie Eiweißbausteine, Vitamine der B-Gruppe sowie Mineralstoffe werten die Speisen auf. Zum Würzen bieten sich an:
- Hefeflocken (Melassehefe, Bierhefe)
- Honigsüße Hefeflocken
- Hefeextrakte
- Hefe-Gemüsebrühen

Sommer-Kur 4. Tag

NATURREIS

Frühstück: **Johannisbeerbecher**

> *Zutaten:*
> ⅓ *Naturreis*
> *125 g Johannisbeeren*
> *1 EL Quark*
> *1 TL kaltgeschleuderter Honig*
> *2 TL Honigsüße Hefeflocken*

Gesamte Tagesmenge Naturreis mit 2 Tassen Wasser bei geringer Hitze 40 Min. kochen lassen. In drei Portionen teilen. Johannisbeeren waschen, von Stielen abtrennen und mit Quark unter eine abgekühlte Reisportion geben. Mit Honig und Honigsüßen Hefeflocken süßen.

Mittagessen: **Naturreis mit Erbsen**

> *Zutaten:*
> ⅓ *Naturreis*
> *120 g Erbsen*
> *½ Zwiebel*
> *1 TL Gemüse-Hefebrühe*
> *1 EL Sonnenblumenöl*
> *Kerbel, Endoferm-Gewürzmischung*

Gewaschene Erbsen kurz dünsten. Gehackte Zwiebel in wenig Öl glasig dünsten. Reis mit Erbsen und Zwiebel vermengen. Mit Gemüse-Hefebrühe, Kerbel und Endoferm abschmecken.

Sommer-Kur 4. Tag

NATURREIS

<u>Abendessen:</u> **Rettichsalat**

Zutaten:
⅓ Naturreis
100 g Rettich
1 EL Hüttenkäse
1 TL kaltgepreßtes Sonnenblumenöl oder
Saflor-Distelöl
1 TL Hefeflocken
Obstessig, Pfeffer

Rettich waschen, schälen und raspeln. Zusammen mit Hüttenkäse, Öl und Essig unter Naturreis heben, mit Hefeflocken und Pfeffer würzen. Gut durchziehen lassen.

Honig

Honig enthält neben Frucht- und Traubenzucker, Mineralstoffen und organischen Säuren Fermente (Enzyme) der Biene. Einige dieser Wirkstoffe (Inhibine) können Bakterienwachstum hemmen. Bei einer Erhitzung über 40° C werden diese Fermente zerstört. Achten Sie deshalb darauf, nur solchen Honig zu kaufen, der nicht wärmegeschädigt ist (kaltgeschleudert und kalt abgefüllt).

Sommer-Kur   5. Tag

GERSTENGRÜTZE

Frühstück: **Pfirsich-Gersten-Frühstück**

Zutaten:
⅓ Gerstengrütze
100 g Pfirsiche
70 g Erdbeeren
gem. Bourbon-Vanille

Gesamte Tagesmenge Gerstengrütze mit ½ l Wasser aufkochen und 20 Min. ausquellen lassen. In drei Portionen teilen. Pfirsiche waschen, in kleine Stücke schneiden und unter eine Portion abgekühlter Gerstengrütze heben. Erdbeeren passieren, mit Vanille abschmecken und über Grütze geben.

Mittagessen: **Gefüllte Paprikaschote**

Zutaten:
⅓ Gerstengrütze
1 EL Magerquark
1 kleine Zwiebel
1 Paprikaschote
1 TL natriumarmes Tomatenmark
1 TL Gemüse-Hefebrühe oder Gourmet
mexikanisches Suppen- und
Würzkonzentrat
Curry, Rosenpaprika

Paprikaschote waschen, der Länge nach halbieren und putzen. Zwiebel ohne Fett kurz anrösten und zusammen mit Quark und Tomatenmark mit Gerstengrütze vermengen. Masse mit Gemüse-Hefebrühe, Curry und Rosenpaprika würzen und in Paprikahälften füllen. Schoten in wenig Gemüse-Hefebrühe im Topf oder Backofen gardünsten.

Sommer-Kur   5. Tag

GERSTENGRÜTZE

Abendessen: **Salatteller mit Gerste**

Zutaten:
⅓ Gerstengrütze
2 EL Sonnenblumenkerne
2 EL Buttermilch
Pfeffer, Rosenpaprika
¼ Kopfsalat
1 Tomate
¼ Salatgurke
1 TL Buttermilch
Obstessig, Salatwürzkräuter-Mischung

Kopfsalat, Tomate und Gurke waschen und in Streifen/Scheiben schneiden. Aus Essig, Buttermilch und Salatwürzkräutern eine Salatsauce herstellen. Gerstengrütze mit Buttermilch, Sonnenblumenkernen und Gewürzen verfeinern und zum Salat servieren.

Fettsäuren

Fettsäuren sind die Bausteine der Fette. Man unterscheidet gesättigte (vorwiegend tierischer Herkunft), einfach ungesättigte und mehrfach ungesättigte (pflanzlicher Herkunft) Fettsäuren. Letztere kann der menschliche Organismus nicht selbst aufbauen, sie sind essentiell. Mehrfach- oder hochungesättigte Fettsäuren haben eine cholesterinspiegelsenkende Wirkung. Vorkommen: Pflanzenkeime, pflanzliche Öle, besonders Saflor-(Distel-)Öl.

BUCHWEIZENGRÜTZE

Frühstück: **Buchweizengrütze mit Kirschen**

Zutaten:
⅓ Buchweizengrütze
125 g Kirschen
1 EL gemahlene Haselnüsse
1 EL Honigsüße Hefeflocken

Gesamte Tagesmenge Buchweizengrütze in ¾ l Wasser aufkochen, auf Warmhaltestufe 20 Min. ausquellen lassen. In einem Sieb abtropfen lassen und eine Portion fürs Mittagessen ins Kochwasser zurückgeben. Fürs Frühstück eine Portion abkühlen lassen. Kirschen waschen, Stiele und Steine entfernen. Haselnüsse mahlen, kurz anrösten und zusammen mit Kirschen und Honigsüßen Hefeflocken unter Buchweizengrütze geben.

Mittagessen: **Kerbelsuppe**

Zutaten:
⅓ Buchweizengrütze mit Kochwasser
1 Zwiebel
80 g Kerbel oder Küchenkräuter
eigener Wahl
1 TL Gemüse-Hefebrühe
Knoblauch, Pfeffer

Kerbel waschen und kleinschneiden. Zwiebel hacken und in einer Pfanne anrösten. Buchweizen erwärmen, Zwiebel und Kerbel zufügen, kurz aufkochen und mit Gemüse-Hefebrühe, Knoblauch und Pfeffer würzen.

Sommer-Kur — 6. Tag

BUCHWEIZENGRÜTZE

Abendessen: **Buchweizen-Tofu-Salat**

Zutaten:
⅓ Buchweizengrütze
2 Tomaten
50 g Tofu
3 EL Buttermilch
1 TL Hefeflocken
1 TL frisch gepreßter Zitronensaft
Obstessig, Pfeffer, Dill

Tomaten waschen und achteln. Tofu in kleine Würfel schneiden und zur Buchweizengrütze geben. Mit Buttermilch, Obstessig, Zitronensaft, Hefeflocken und Pfeffer abschmecken. Zuletzt die Tomatenstücke unterheben und mit Dill garnieren.

Buchweizen

Sommer-Kur · 7. Tag

MEHRKORN-GETREIDEMISCHUNG

Frühstück: **Frischkornbrei mit Melone**

Zutaten:
⅓ Mehrkorn-Getreidemischung
150 ml Wasser
100–150 g Melone
1 EL Birnendicksaft
Zitronenmelisse

Am Vorabend eine Portion Getreidemischung mit Wasser zum Quellen in den Kühlschrank stellen. Etwa ½ Stunde vor dem Frühstück herausholen und kleingeschnittene Melone unterheben. Mit Birnendicksaft süßen und mit einigen Blättchen Zitronenmelisse garnieren.

Mittagessen: **Weißkohl mit gerösteten Erdnüssen**

Zutaten:
⅓ Mehrkorn-Getreidemischung
125 g junger Weißkohl
2 EL gehackte Erdnüsse
2 EL Buttermilch
1 TL Gemüse-Hefebrühe oder Gourmet
chinesisches Suppen- und
Würzkonzentrat
Pfeffer, Kümmel, Muskat

Zwei Portionen Mehrkorn-Getreidemischung mit 350 ml Wasser aufkochen, ca. 20 Min. ausquellen lassen. Weißkohl sehr fein hobeln und zusammen mit der Buttermilch unter eine Portion Getreidemischung rühren. Mit Gemüse-Hefebrühe, Pfeffer, Kümmel und Muskat würzen. Erdnüsse in trockener Pfanne kurz rösten und über die Speise streuen.

Sommer-Kur 7. Tag

MEHRKORN-GETREIDEMISCHUNG

Abendessen: **Chicoreesalat**

Zutaten:
⅓ Mehrkorn-Getreidemischung
100 g Chicoree
2 Aprikosen oder 1 Pfirsich
1 EL Magerquark
gem. Bourbon-Vanille
1 TL kaltgeschleuderter Honig

Chicoree waschen, putzen und in feine Streifen schneiden. Aprikosen waschen, zerkleinern und zusammen mit dem Quark unter die Getreidemischung heben. Mit Vanille und Honig abschmecken.

Birnendicksaft

Durch Wasserentzug (eindicken) aus Birnensaft schonend gewonnener dickflüssiger, goldgelber Fruchtsirup. Ohne Zuckerzusatz, enthält konzentriert die natürlichen Zuckerarten der Birne sowie die wertvollen Mineralstoffe und Spurenelemente des reifen Obstes. Eignet sich zum natürlichen Süßen und verfeinern von Speisen und Getränken, insbesondere Desserts, Müsli, Salatsoucen und Getreidemahlzeiten. Der hohe Kaliumgehalt wirkt schonend mild entwässernd.

Küchenkräuter

Verwenden Sie am besten frische Küchenkräuter. Viele Sorten können sie für den täglichen Bedarf im Garten oder im Balkon-Kasten ziehen. Im Winter, oder wenn Sie gerade keine frischen Kräuter zur Hand haben, sollten Sie gefriergetrocknete Kräuter aus dem Reformhaus verwenden. Durch das besonders schonende Trocknungsverfahren behalten die Kräuter ihr volles Aroma und ihre natürliche Farbe und Struktur. Sie saugen sich schnell mit Wasser voll und sind dann wie frisch, knackig, geschmackvoll und immer ohne Abfall sparsam in der Verwendung.

Herbst-Kur

Der Herbst ist die richtige Jahreszeit für eine zweite alljährliche Entschlackungs-Kur. Während des Sommers hat sich bei vielen durch Urlaub, Grillpartys, Weinfeste etc. eine gewisse Portion Übergewicht angesammelt. Wenn im Herbst dann die Abendgarderobe nicht mehr so richtig paßt, ist die Zeit für eine 7-Tage-Körner-Kur gekommen. Der Stoffwechsel wird entlastet, entschlackt und fit gemacht für den Winter. Mancher ahnt auch schon die Folgen der anstehenden Feiertage voraus und möchte vorher noch rasch sein Gewicht etwas reduzieren.

Die ausgesuchten Rezepte berücksichtigen die Saison-Gemüse und das im Herbst verfügbare Obst. Kohlsorten, Bohnen, Rote-Beete, Äpfel etc. bestimmen den Speiseplan. Eine Ergänzung durch entschlackende Heilkräuter in Form von Tee, Frischpflanzenpreßsaft oder Kapseln/Tabletten ist im Herbst, ähnlich wie im Frühjahr, zu empfehlen.

Nährwertangaben* der verwendeten Getreidearten
(je 100 g verzehrbarer Anteil)

	kcal	kJ	Eiweiß	Fett	KH
Weizengrieß	344	1481	10,8	1,0	71,5
Hirse, geschält	362	1510	10,6	3,9	71,0
Hafergrütze	386	1620	13,9	5,8	67,0
Reis, unpoliert	351	1474	7,4	2,2	75,4
Gerstengrütze	338	1420	8,5	1,5	73,0
Buchweizengrütze	342	1440	8,1	1,6	74,0

* aus: Die große Nährwert-Tabelle von H. D. Cremer (1980/81)

Herbst-Kur — 1. Tag

WEIZENGRÜTZE

Frühstück: **Aprikosenfrühstück**

Zutaten:
⅓ Weizengrütze
⅛ l Magermilch
100 g frische Aprikosen oder Dunstobst
2 EL Magerquark
gem. Bourbon-Vanille
evtl. 1 TL Honig

Eine Portion Weizengrütze in Milch aufkochen, 15 Min. quellen lassen. Aprikosen waschen, kleinschneiden und zusammen mit Quark unter Grütze heben. Mit Vanille und evtl. etwas Honig abschmecken.

Mittagessen: **Zwiebelsuppe**

Zutaten:
⅓ Weizengrütze
100 ml Wasser
150 g Zwiebel
2 EL Weißwein
2 EL geriebener Käse
1 TL Pflanzenmargarine
1 TL Gemüse-Hefebrühe
Pfeffer, Muskat

Zwei Portionen Weizengrütze in ¼ l Wasser aufkochen, 15 Min. quellen lassen und in 2 Portionen teilen. Zwiebeln hacken und in Margarine glasig dünsten, mit Wasser auffüllen und 15 Min. köcheln lassen. Weizengrütze dazugeben, ebenso Weißwein und Gemüse-Hefebrühe. Mit Pfeffer und

Herbst-Kur — 1. Tag

WEIZENGRÜTZE

Muskat würzen, in feuerfeste Suppentasse füllen, mit Käse überstreuen und ca. 15 Min. bei 180°–200°C überbacken.

Abendessen: **Rote-Beete-Salat**

Zutaten:
⅓ Weizengrütze
100 g frische rote Beete oder milchsauer eingelegte rote Beete aus dem Glas
¼ Apfel
¼ Zwiebel
1 TL kaltgepreßtes Sonnenblumenöl
Obstessig, Pfeffer

Rote Beete waschen, fein raspeln. Apfel ebenfalls raspeln, die Zwiebel fein schneiden. Zutaten unter Grütze heben, mit Essig, Öl und Pfeffer verfeinern.

Weizen

Herbst-Kur 2. Tag

HIRSE

Frühstück: **Hirse-Möhrenbrei**

Zutaten:
⅓ Hirsebrei
100 g Möhren
¼ Apfel
1 EL gemahlene Nüsse
3 EL Buttermilch
Delifrut-Gewürzmischung
1 TL Melasse oder Birnendicksaft

Gesamte Tagesmenge Hirse mit ½ l Wasser aufkochen und 25 Min. ausquellen lassen. In 3 Portionen teilen. Möhren und Apfel säubern, raspeln und zusammen mit Nüssen zu einer Portion Hirsebrei geben. Mit Buttermilch und Delifrut vermengen, mit Melasse oder Birnendicksaft süßen. Schmeckt sowohl warm als auch kalt serviert.

Mittagessen: **Hirse-Rosenkohl mit Erdnüssen**

Zutaten:
⅓ Hirsebrei
125 g Rosenkohl
1 EL Erdnüsse
1 TL Gemüse-Hefebrühe
Pfeffer, Muskat

Rosenkohl waschen, putzen, kleinschneiden und in wenig Wasser unter Zugabe von Gemüse-Hefebrühe dünsten. Inzwischen Erdnüsse mahlen, in trockener Pfanne leicht rösten und zum Rosenkohl geben. Hirsebrei erwärmen und würzen. Als Eintopf oder getrennt servieren.

Herbst-Kur 2. Tag

HIRSE

Abendessen: **Feldsalat mit Hirse**

Zutaten:
⅓ Hirsebrei
100 g Feldsalat oder Chinakohl/
Eisbergsalat
¼ Zwiebel
3 EL Buttermilch
Endoferm-Gewürzmischung
Obstessig, Pfeffer

Salat waschen, putzen, in Streifen schneiden und unter Hirsebrei heben. Aus Buttermilch, Zwiebel, Obstessig eine Sauce bereiten, würzen und über Salat geben.

Mineralwässer

Eine Untersuchung des Öko-Instituts, Freiburg[1] von 108 Mineralwässern hat im Jahr 1984 gezeigt, daß viele Mineralwässer nicht nur einen hohen Natrium-(Kochsalz-)Gehalt aufweisen, sondern daß Nitrit z. T. in solch hohen Mengen enthalten ist, daß Grenz- und Richtwerte überschritten werden und einige Sorten für die Säuglingsernährung nicht mehr geeignet sind.

[1] „Natur" 9/84.

Herbst-Kur   3. Tag

HAFERGRÜTZE

Frühstück: **Hafergrütze mit Apfel und Sesam**

Zutaten:
⅓ Hafergrütze
125 g Äpfel
1 TL frisch gepreßter Zitronensaft
1 EL ungeschälter Sesam
1 EL ungeschwefelte Sultaninen
Anis, Zimt

Gesamte Tagesmenge Hafergrütze in ¾ l Wasser aufkochen, 20 Min. ausquellen lassen und in 3 Portionen teilen. Äpfel waschen und kleinschneiden. Sesam in trockener Pfanne kurz anrösten. Apfelstücke zusammen mit Zitronensaft, Sultaninen und Sesam zur Hafergrütze geben, mit Anis und Zimt abschmecken.

Mittagessen: **Maistopf**

Zutaten:
⅓ Hafergrütze
125 g gefrorener Mais oder Mais aus der Dose
2 EL Petersilie (frisch oder gefriergetrocknet)
1 TL Gemüse-Hefebrühe
½ Tasse Wasser
Kerbel, Majoran

Mais in Wasser garen, Hafergrütze dazugeben und mit Gewürzen und Gemüse-Hefebrühe abschmecken. Gehackte Petersilie darüberstreuen.

Herbst-Kur 3. Tag

HAFERGRÜTZE

Abendessen: **Hafergrütze mit Frischkäse**

Zutaten:
⅓ Hafergrütze
100 g Birnen
1 EL Frischkäse
1 EL frisch gepreßter Zitronensaft

Birnen waschen, kleinschneiden und mit Zitronensaft beträufeln. Käse mit Gabel zerdrücken und zusammen mit Birnenstücke unter Hafergrütze mengen.

Hafer

Fettreiche Getreidesorte mit hohem Eiweiß-Anteil sowie nennenswerten Mengen der Vitamine B1, B2 und E sowie der Mineralstoffe Kalium, Magnesium, Calzium und Eisen. Hafer stellt als Grütze oder Flokken ein gut verträgliches, leistungs- und antriebsteigerndes Getreide dar.

Herbst-Kur 4. Tag

NATURREIS

Frühstück: ## Milchreis mit Wassermelone

Zutaten:
⅓ Naturreis
180 ml Magermilch
130 g Wassermelone
2 EL Hüttenkäse
1 EL Buttermilch
1 TL Ahornsirup oder kalt-
geschleuderter Honig

Reis in Magermilch etwa 40 Min. ausquellen lassen. Wassermelone von Kernen befreien, würfeln und zusammen mit Hüttenkäse, Buttermilch und Ahornsirup unter abgekühlten Reis heben.

Mittagessen: ## Naturreis mit Chicoree

Zutaten:
⅓ Naturreis
125 g Chicoree
1 Mandarine
1 TL Pflanzenmargarine
1 TL kaltgeschleuderter Honig
1 TL Gemüse-Hefebrühe

Zwei Portionen Naturreis in 300 ml Wasser ca. 40 Min. ausquellen lassen. Chicoree waschen, putzen und in Margarine dünsten. Mandarine schälen, in Stücke schneiden und zusammen mit dem Chicoree unter eine Portion Naturreis mischen. Mit Honig süßen.

Herbst-Kur — 4. Tag

NATURREIS

Abendessen: **Reisteller mit Sellerie**

Zutaten:
⅓ Naturreis
125 g Sellerie – frisch oder milchsauer
eingelegt
¼ Apfel
3 EL Magerquark
1 TL kaltgeschleuderter Honig
Endoferm-Gewürzmischung
Pfeffer, Curry, Petersilie

Sellerie fein raspeln, Apfel raspeln und zusammen mit Magerquark und Honig zum Reis geben. Abschmecken mit Endoferm, Pfeffer und Curry und mit Petersilie bestreuen.

Reis

Herbst-Kur — 5. Tag

GERSTENGRÜTZE

Frühstück: **Gerstengrütze mit Pflaumen**

Zutaten:
⅓ Gerstengrütze
100 g entsteinte frische Pflaumen
oder Dunstobst
3 EL Kurmolke
1 EL Birnendicksaft
1 Messerspitze Zimt

Gesamte Tagesmenge Gerstengrütze in ½ l Wasser aufkochen und 20 Min. ausquellen lassen. In drei Portionen teilen. Molke, Dicksaft und Zimt mit einer Portion vermengen und Pflaumen darübergeben.

Mittagessen: **Apfelrotkohl mit Gerste**

Zutaten:
⅓ Gerstengrütze
100 g Rotkohl
½ Apfel
1 TL Pflanzenmargarine
1 TL Gemüse-Hefebrühe
¼ Zwiebel
1 Lorbeerblatt
2 EL Rotwein
1 TL Johannisbeergelee
etwas Essig
Pfeffer

Rotkohl waschen, hobeln. Apfel waschen, raspeln. Zwiebel hacken, in Margarine dünsten, Rotkohl, Apfel, Lorbeerblatt

Herbst-Kur 5. Tag

GERSTENGRÜTZE

und Rotwein dazugeben, mit Essig abschmecken und gardünsten. Zum Schluß Johannisbeergelee unterrühren und mit Pfeffer abschmecken. Gerstengrütze in Gemüse-Hefebrühe erwärmen und zum Apfelrotkohl servieren.

Abendessen: **Gefüllte Tomate im Gerstenrand**

Zutaten:
⅓ Gerstengrütze
1 EL Hüttenkäse
1 kleine Zwiebel
150 g Fleischtomate
Endoferm-Gewürzmischung
Pfeffer

Fleischtomate waschen, einen Deckel abschneiden und aushöhlen. Das Innere der Tomate mit Hüttenkäse, kleingeschnittener Zwiebel, einem Eßlöffel Gerstengrütze vermengen und würzen. Masse in ausgehöhlte Tomate füllen und Deckel aufsetzen. Restliche Gerstengrütze gut würzen und um Tomate verteilen.

Herbst-Kur 6. Tag

BUCHWEIZENGRÜTZE

Frühstück: ### Buchweizengrütze mit Mohn

Zutaten:
⅓ Buchweizengrütze
3 EL gemahlener Mohn
2 EL ungeschwefelte Sultaninen
3 EL Buttermilch
1 EL gemahlene Haselnüsse
1 EL kaltgeschleuderter Honig
1 TL Bourbon-Vanille

Gesamte Tagesmenge Buchweizengrütze in ½ l Wasser aufkochen und 15–20 Min. ausquellen lassen. In drei Portionen teilen. Fürs Frühstück eine Portion mit Mohn, Buttermilch, Sultaninen, Haselnüssen vermengen und mit Honig und Vanille abschmecken.

Mittagessen: ### Gedünsteter Wirsing mit Buchweizen

Zutaten:
⅓ Buchweizengrütze
125 g Wirsing
1 Zwiebel
2 TL Gemüse-Hefebrühe
Muskat, Pfeffer, Kümmel

Wirsing waschen, schneiden und zusammen mit der Zwiebel in Gemüse-Hefebrühe dünsten. Buchweizengrütze untermengen und würzen.

Herbst-Kur 6. Tag

BUCHWEIZENGRÜTZE

Abendessen: **Buchweizensalat mit Gurke**

Zutaten:
⅓ Buchweizengrütze
100 g Salatgurke
1 EL Hüttenkäse
Endoferm-Gewürzmischung
Essig, Pfeffer, Petersilie

Gurke waschen, schälen und in Würfel schneiden. Buchweizengrütze mit Gurkenstücken, Hüttenkäse vermengen, mit Essig und Gewürzen verfeinern und mit Petersilie bestreuen.

Natrium:

Es ist ein Bestandteil aller Körperflüssigkeiten.
Seine Hauptaufgaben im Stoffwechsel bestehen in der Beteiligung bei der Erregungsleitung im Nervensystem, bei der Regulation des Wasserhaushaltes sowie der Aktivierung einiger Enzyme. Die in den hochentwickelten Ländern häufig zu hohe Natriumzufuhr – bedingt durch den hohen Kochsalzverzehr – erweist sich vielfach als Ursache für einen erhöhten Blutdruck. Die Empfehlung, täglich nicht mehr als 5 g Kochsalz aufzunehmen, sollte im Hinblick auf den Risikofaktor „Bluthochdruck" unbedingt beachtet werden.
Vorkommen in Lebensmitteln: Kochsalz, Oliven, Brot und vielen Konserven; natriumarm hingegen sind alle Getreide, Weizenkeime, Hülsenfrüchte, Nüsse, Hefe und frisches Gemüse.

Herbst-Kur 7. Tag

MEHRKORN-GETREIDEMISCHUNG

Frühstück: **Frischkornmüsli mit Mandarinen**

Zutaten:
⅓ Mehrkorn-Getreidemischung
50 g Walnüsse oder Haselnüsse
1 Mandarine
2 EL Buttermilch
1 TL kaltgeschleuderter Honig

Eine Portion der Mehrkorn-Getreidemischung über Nacht in 150 ml Wasser einweichen. In Kühlschrank stellen und ½ Stunde vor dem Frühstück herausholen. Walnüsse hacken, Mandarine schälen, von Haut und Kernen befreien und kleinschneiden. Nüsse und Mandarinenstücke zusammen mit Buttermilch und Honig zum Frischkornschrotbrei geben.

Mittagessen: **Dicke Bohnen mit Getreide**

Zutaten:
⅓ Mehrkorn-Getreidemischung
100 g Dicke Bohnen
1 Möhre
2 TL Gemüse-Hefebrühe
Bohnenkraut, Knoblauch, Paprika

Zwei Portionen Mehrkorn-Getreidemischung in 350 ml Wasser mit Gemüse-Hefebrühe aufkochen und 20 Min. ausquellen lassen. In zwei Portionen teilen. Dicke Bohnen in etwas Wasser garen. Möhre raspeln und zu Bohnen geben, würzen. Als Eintopf oder getrennt servieren.

Herbst-Kur 7. Tag

MEHRKORN-GETREIDEMISCHUNG

Abendessen: **Sauerkrauthäckerle**

Zutaten:
⅓ Mehrkorn-Getreidemischung
50 g frisches Sauerkraut
¼ Stange Lauch
¼ Apfel
3 EL Buttermilch
1 EL süße Sahne
1 TL kaltgeschleuderter Honig
Knoblauch

Lauch in dünne Ringe schneiden und in wenig Wasser dünsten. Sauerkraut fein hacken, Apfel raspeln. Sauerkraut, Apfel, Lauch zusammen mit Buttermilch, süßer Sahne und Honig mit Mehrkorn-Getreidemischung vermengen. Nach Geschmack mit Knoblauch würzen und gut durchziehen lassen.

Joule/Kalorie

Einheiten für die Angabe des Brennwertes (Energiegehalt) von Lebensmitteln.
Seit einigen Jahren ist man bemüht, die Kilokalorie auf die Einheit Joule umzustellen. Der Umrechnungsfaktor beider Einheiten lautet: 1 Kilokalorie (kcal) = 4,184 Kilojoule (kJ). Die Nährstoffe erzeugen im Stoffwechsel folgenden physiologischen Brennwert:

1 g Eiweiß	17 kJ/4 kcal
1 g Fett	38 kJ/9 kcal
1 g Kohlenhydrate	17 kJ/4 kcal
1 g Alkohol	30 kJ/7 kcal

Aufbau des Getreidekorns:

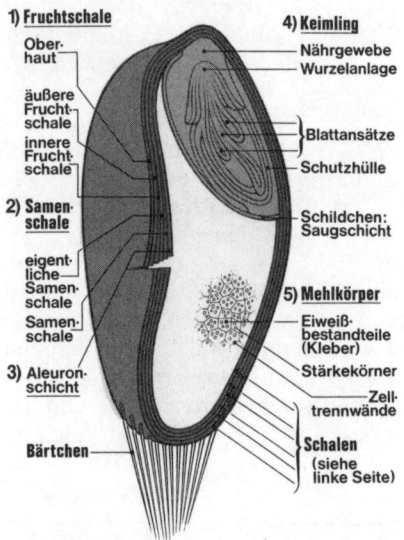

1) **Fruchtschale**
   - Oberhaut
   - äußere Fruchtschale
   - innere Fruchtschale

2) **Samenschale**
   - eigentliche Samenschale
   - Samenschale

3) **Aleuronschicht**

Bärtchen

4) **Keimling**
   - Nährgewebe
   - Wurzelanlage
   - Blattansätze
   - Schutzhülle
   - Schildchen: Saugschicht

5) **Mehlkörper**
   - Eiweißbestandteile (Kleber)
   - Stärkekörner
   - Zelltrennwände
   - **Schalen** (siehe linke Seite)

Winter-Kur

Der Winter bringt mit seiner Abfolge von Feiertagen und den dazu gehörenden Festessen reichlich sinnvolle Gelegenheit, dazwischen eine Körner-Kur einzuschieben. Manche benutzen die Zeit vor den Festtagen zum Vor-Fasten, um bei der reichlichen Kalorienaufnahme dann kein allzu schlechtes Gewissen haben zu müssen. Die Zeit vor Ostern wurde ja aus religiösem Brauch schon seit Jahrhunderten als Fastenzeit begangen. Zwischen dem Anfang des neuen Jahres und Ostern werden auch heute wohl die meisten Fasten- und Entschlackungskuren durchgeführt.

Um die entschlackende Wirkung der 7-Tage-Körner-Kur zu unterstützen, hier der Tip für ein entwässerndes Getränk, von welchem Sie täglich drei Gläser trinken sollten:

Dr. Weihofen's Kur-Cocktail:
1 EL Brennessel-Saft (Reformhaus)
1 EL Birnendicksaft (Reformhaus)
150 ml Friedrich-Christian-Heilquelle (Reformhaus).

Diese Kombination von Heilkraut, mineralstoffreichem Fruchtstoffkonzentrat und Heilwasser ist hervorragend dazu geeignet, die Nierentätigkeit auf schonende und natürliche Weise anzuregen und damit die entschlackende/blutreinigende Wirkung der 7 Tage-Körner-Kur zu verstärken.

Winter-Kur 1. Tag

WEIZENGRÜTZE

Frühstück: **Weizenschrot geröstet mit Obst**

Zutaten:
⅓ Weizenschrotbrei
1 Apfel
1 EL ungeschwefelte Sultaninen
1 TL kaltgeschleuderter Honig
1 EL Weizenkeime
Zimt

Gesamte Tagesmenge Weizenschrot kurz in trockenem Topf anrösten, ¾ l Wasser dazugeben und zum Kochen bringen, 15 Minuten ausquellen lassen. Einer Portion zerkleinerten Apfel, Weizenkeime und Sultaninen zufügen. Mit Honig und Zimt abschmecken.

Mittagessen: **Meerrettich-Weizenschrot**

Zutaten:
⅓ Weizenschrotbrei
40 g frischer Meerrettich oder ungeschwefelter Meerrettich aus dem Glas [handschriftlich: schrecklich!]
4 EL Sanoghurt mager
Petersilie (frisch oder gefriergetrocknet)

Meerrettich reiben, Petersilie hacken. Joghurt, Meerrettich und Petersilie unter eine Portion Weizenschrotbrei heben, Petersilie darüberstreuen.

Winter-Kur 1. Tag

WEIZENGRÜTZE

Abendessen: **Weizen plus Citrusfrüchte**

Zutaten:
⅓ Weizenschrotbrei
2 Mandarinen oder 1 Orange
2 TL frisch gepreßter Zitronensaft
1 TL Ahornzucker oder
Anhornsirup/Honig

Mandarinen (Orange) schälen, klein schneiden und zusammen mit Zitronensaft unter Weizengrütze rühren. Mit Delifrut und Ahornzucker abschmecken.

Weizenkeime

Nur ca. 2–3% des gesamten Weizenkorns macht der Weizenkeim aus. Er enthält jedoch in höchster Konzentration die Vitalstoffe des Korns, die zur Entwicklung der jungen Pflanze benötigt werden, vor allem: Eiweiß, Öl mit einem sehr hohen Anteil hochungesättigter Fettsäuren und dem fettlöslichen Vitamin E, Vitamine der B-Gruppe, die Mineralstoffe Kalium, Magnesium u. a. In gereinigter, stabilisierter Form stellen Weizenkeime eine wertvolle Nahrungsergänzung dar. Der nußartige Geschmack ist sehr angenehm. Zum Überstreuen von Süßspeisen, Müslis, Desserts etc. Nicht mitkochen!

Winter-Kur — 2. Tag

HIRSE

Frühstück: **Hirsebrei mit Trockenobst**

Zutaten:
⅓ Hirsebrei
100 g ungeschwefeltes Trockenobst
(Pflaumen, Birnen, Apfelringe, Aprikosen, Weinbeeren)
1 TL Melasse oder Rübenkraut
1 EL Weizenkeime
1 EL geschnittene Mandeln
gemahlene Bourbon-Vanille, Delifrut-Gewürzmischung

Trockenobst am Vorabend mit etwas Wasser einweichen. Gesamte Tagesmenge Hirse in ¾ l Wasser aufkochen und 30 Min. ausquellen lassen. Über ein Sieb abgießen und Hirse in 3 Portionen teilen. Eine Portion in Kochwasser zurückgeben, klein geschnittenes oder püriertes Trockenobst dazugeben, mit Melasse, Vanille und Delifrut abschmecken und mit Mandeln bestreut servieren.

Mittagessen: **Hirse-Möhren-Topf**

Zutaten:
⅓ Hirsebrei
100 ml Gemüse-Hefebrühe
1 Möhre
1 EL saure Sahne 10 %
Petersilie (frisch oder gefriergetrocknet)

Gemüse-Hefebrühe aufkochen, geraspelte Möhre, Hirsebrei und saure Sahne dazugeben. Mit Petersilie bestreuen.

Winter-Kur 2. Tag

HIRSE

Abendessen: **Gewürzter Hirsebrei mit Sauerkraut**

Zutaten:
⅓ Hirsebrei
1 Zwiebel
1 TL kaltgepreßtes Sonnenblumenöl oder Safloröl
20 g Kräuterfrischkäse
100 g frisches, milchsauer eingelegtes Sauerkraut
½ Knoblauchzehe
Kräuter nach Geschmack

Gehackte Zwiebel, Kräuter, Knoblauchzehe und Sonnenblumenöl zum Hirsebrei geben. Zuletzt Kräuterfrischkäse unterheben. Dazu frisches Sauerkraut servieren.

Trockenfrüchte

Durch Wasserentzug hergestellt. Haben einen hohen Zuckergehalt und eignen sich gut zum natürlichen Süßen ohne Industrie-Zucker. Daneben auch hoher Mineralstoffgehalt und viel Ballaststoffe. Zum Erhalt der hellen Farbe und zur Konservierung werden viele Trockenfrüchte mit Schwefeldioxid behandelt. Achten Sie besonders bei Apfelringen, Birnen, Aprikosen, Pfirsichen, Pflaumen und Sultaninen darauf und kaufen Sie ungeschwefelte Ware im Reformhaus.

Winter-Kur 3. Tag

HAFERGRÜTZE

Frühstück: ## Hafergrütze mit Buttermilch

Zutaten:
⅓ Hafergrütze
1 Apfel
20 g ungeschwefelte Weinbeeren
1 TL kaltgeschleuderter Honig
⅛ l Buttermilch
Zimt

Gesamte Tagesmenge Hafergrütze in ¾ l Wasser aufkochen und 20 Minuten ausquellen lassen. Eine Portion mit geriebenem Apfel, Weinbeeren, Honig und Buttermilch mischen und mit Zimt abschmecken.

Mittagessen: ## Gefüllte Gurke mit Hafergrütze

Zutaten:
⅓ Hafergrütze
1 Salatgurke
2 EL Tomatenmark (natriumarm)
⅛ l Gemüse-Hefebrühe
Picata-Gewürzmischung

Gurke aushöhlen, das Innere der Gurke kleinschneiden und zusammen mit Tomatenmark unter Hafergrütze heben. Füllung mit Picata würzen, Gurke füllen und in Gemüse-Hefebrühe gardünsten.

Winter-Kur 3. Tag

HAFERGRÜTZE

Abendessen: **Hafergrütze mit getrockneten Aprikosen**

Zutaten:
⅓ *Hafergrütze*
2 EL Sanoghurt
40 g ungeschwefelte Trocken-Aprikosen
1 EL Haselnüsse oder gemahlene Mandeln
evtl. 1 TL kaltgeschleuderter Honig

Trockenaprikosen kleinschneiden, zusammen mit Joghurt unter Hafergrütze mengen. Bei Bedarf mit Honig süßen. Zum Schluß mit Nüssen (gehackt) oder Mandeln bestreuen.

Vitamine

Vitalstoffe, die unser Organismus für den reibungslosen Ablauf lebensnotwendiger Stoffwechselprozesse benötigt. Mangelerscheinungen führen zunächst zu unspezifischen Vitaminmangelsymptomen, wie Mattigkeit, Appetitlosigkeit u.a.m. Später können sie zu spezifischen Ausfallerscheinungen mit gravierenden Folgen führen. Generell werden die Vitamine in zwei Gruppen unterschieden:
1. die fettlöslichen Vitamine
Hierzu gehören die Vitamine A, D, E und K. Diese Vitamine reagieren besonders labil auf Sauerstoff und Lichteinflüsse.
2. die wasserlöslichen Vitamine
Hierzu gehören die Vitamine der B-Gruppe und Vitamin C. Charakteristisch für diese Vitamine ist die Empfindlichkeit gegenüber Hitze. Im übrigen sollte die Kochflüssigkeit niemals weggeschüttet werden, da sich hierin wasserlösliche Vitamine befinden.

NATURREIS

Frühstück: ## Naturreis mit Bananen

Zutaten:
1/3 Naturreis
1/2 l Magermilch
1 Banane
1 Messerspitze gem. Bourbon-Vanille
1 TL kaltgeschleuderter Honig
1 Messerspitze Butter

Zwei Portionen Reis in 0,3 l Milch mit Vanille zum Kochen bringen, 40 Min. ausquellen lassen. Nach dem Abkühlen ein Portion wegnehmen und mit Butter, Honig und zerdrückter Banane verrühren.

Mittagessen: ## Reissalat mit Chinakohl

Zutaten:
1/3 Naturreis
100 g Chinakohl
1 TL kaltgepreßtes Olivenöl
1 TL frisch gepreßter Zitronensaft
1 TL Obstessig
1 TL Sojasauce
1 TL Gemüse-Hefebrühe oder Gourmet chinesisches Suppen- und Würzkonzentrat

Eine Portion Naturreis mit 1 Tasse Wasser und Gemüse-Hefebrühe bei geringer Hitze 40 Min. ausquellen lassen. Chinakohl in Streifen schneiden und unter Reis mischen. Aus Olivenöl, Zitronensaft, Obstessig und Sojasauce eine Soße bereiten und über den Salat geben.

Winter-Kur 4. Tag

NATURREIS

Abendessen: **Reis mit Birnen**

Zutaten:
⅓ Milchreis vom Frühstück
1 Birne
3 EL Magerquark
1 EL Ahornsirup oder Honig
1 EL Pflaumensaft
Delifrut-Gewürzmischung, Zimt

Zerkleinerte Birne, Quark, Ahornsirup, Pflaumensaft, Delifrut und Zimt unter Milchreis mischen.

Vitamin B1 (Thiamin)

Ein für alle Bevölkerungsgruppen „kritisches" Vitamin.
Es erfüllt wichtige Funktionen im Kohlenhydratstoffwechsel. Unzureichende Versorgung mit Vitamin B1 führt zu Störungen des Zuckerstoffwechsels und damit auch der Nervenfunktion, da das Nervensystem seinen Energiebedarf aus der Zuckerverwertung deckt. Ein relativer Mangel kann bereits durch hohe Zufuhr „leerer" Kohlenhydrate (z.B. Weißmehlprodukte, Süßigkeiten und Limonadengetränken) auftreten.
Vorkommen in Lebensmitteln: Getreide und Getreideprodukte, Hefe, Nüsse, Hülsenfrüchte u.a.m.

Winter-Kur   5. Tag

GERSTENGRÜTZE

Frühstück: **Geröstete Gerstengrütze mit Fruchtmolke**

Zutaten:
⅓ Gerstengrütze
⅛ l Wasser
2 EL Birnendicksaft oder Honig
1 Messerspitze Butter
½ l Fruchtmolke

Gerstenschrot in trockenem Topf kurz anrösten, mit kochendem Wasser übergießen und 20 Min. ausquellen lassen. Butter und Birnendicksaft unterrühren. Fruchtmolke dazu trinken.

Mittagessen: **Gerstenkörnersalat mit Tomate**

Zutaten:
⅓ Gerstengrütze
¼ l Gemüse-Hefebrühe
1 Lorbeerblatt
1 Tomate
1 Zwiebel
1 EL saure Sahne 10%
1 EL Hefeflocken
Knoblauchpulver, Pfeffer, Petersilie

Gerstengrütze mit Lorbeerblatt in Gemüsebrühe aufkochen und 20 Min. ausquellen lassen. Nach dem Erkalten gewürfelte Tomate und Zwiebel unterheben. Sauce aus saurer Sahne und Gewürzen bereiten. Mit Petersilie garnieren.

Winter-Kur — 5. Tag

GERSTENGRÜTZE

Abendessen: **Gersten-Knoblauch-Brei**

Zutaten:
⅓ Gerstengrütze
⅛ l Wasser
1 TL Gemüse-Hefebrühe
2 EL geriebener Parmesan-Käse
1 Knoblauchzehe
Dill

Gerstengrütze in Gemüse-Hefebrühe aufkochen und 20 Min. ausquellen lassen. Knoblauchzehe zerkleinern und hinzufügen. Mit Dill würzen und geriebenen Parmesan-Käse darüberstreuen.

Gerste

Schon in der Steinzeit bekanntes, ältestes angebautes Spelzengetreide. Hat keine Bedeutung als Backgetreide, jedoch zur Bereitung von Breien, Suppen (Graupen) und als Braugerste bei der Bierherstellung. Aus Gerste wird außerdem Malzextrakt gewonnen (Stärkungsmittel, reich an Vitamin B1 und B2) und Kaffee-Ersatz hergestellt.

Winter-Kur 6. Tag

BUCHWEIZENGRÜTZE

Frühstück: **Buchweizengrütze mit Dunstobst**

Zutaten:
⅓ Buchweizengrütze
½ l Wasser
100 ml Vorzugsmilch
100 g Dunstobst (Kirschen, Pflaumen etc.)
5 g Pinienkerne
1 TL kaltgeschleuderter Honig

Zwei Portionen Buchweizengrütze in Wasser aufkochen und 20 Min. ausquellen lassen. Vorzugsmilch und abgestropftes Dunstobst unter eine Portion heben. Mit gehackten Pinienkernen und Honig abschmecken.

Mittagessen: **Buchweizen-Gemüseeintopf**

Zutaten:
⅓ Buchweizengrütze
1 Bund Suppengrün
1 kleine Zwiebel
300 ml Wasser
1 TL Gemüse-Hefebrühe
1 Scheibe Emmentaler Käse
Pfeffer, Endoferm-Gewürzmischung

Suppengrün waschen, putzen, zerkleinern und zusammen mit Buchweizengrütze in Gemüse-Hefebrühe zum Kochen bringen. Bei kleiner Hitze 20 Min. quellen lassen, mit Pfeffer und Endoferm abschmecken. In eine feuerfeste Suppentasse füllen, Emmentaler Käse darauflegen und kurz überbacken.

Winter-Kur 6. Tag

BUCHWEIZENGRÜTZE

Abendessen: **Buchweizengrütze mit Weißkohl**

Zutaten:
⅓ Buchweizengrütze
200 ml Wasser
1 TL Gemüse-Hefebrühe
100 g Weißkohl
½ Paprikaschote
1 Zwiebel
1 EL geriebener Käse

Eine Portion Buchweizengrütze vom Frühstück im Wasser zusammen mit Gemüse-Hefebrühe aufwärmen. Inzwischen Weißkohl raspeln, Paprikaschote und Zwiebel kleinschneiden, in wenig Gemüsebrühe andünsten und zusammen mit geriebenem Käse zur Buchweizengrütze geben.

Buchweizen

MEHRKORN-GETREIDEMISCHUNG

Frühstück: ## Frischkornbrei mit Apfel

Zutaten:
⅓ Mehrkorn-Getreidemischung
100 ml Wasser
2 TL frisch gepreßter Zitronensaft
1 Apfel
2 EL Vorzugsmilch oder Sanoghurt
10 Walnußkerne
2 TL Honigsüße Hefeflocken

Am Vorabend Mehrkorn-Getreidemischung mit Wasser übergießen und im Kühlschrank quellen lassen. Etwa ½ Stunde vor dem Frühstück aus dem Kühlschrank nehmen, Zitronensaft und geriebenen Apfel untermischen. Walnußkerne fein hacken, mit Honigsüßen Hefeflocken und Milch über Schrotbrei geben.

Mittagessen: ## Mehrkorn-Möhreneintopf

Zutaten:
⅓ Mehrkorn-Getreidemischung
¼ l Wasser
1 TL Gemüse-Hefebrühe
2 Möhren
1 Zwiebel
Majoran, Thymian, Pfeffer

Getreidemischung in trockenem Topf kurz anrösten, mit Gemüse-Hefebrühe auffüllen und auf Warmhaltestufe quellen lassen. Möhren raspeln und nach 15 Min. dazugeben. Wenige Minuten garkochen. Mit Gewürzen und kleingehackter Zwiebel verfeinern.

Winter-Kur　　　　　　　　　　　　　　　　7. Tag

MEHRKORN-GETREIDEMISCHUNG

Abendessen: **Mehrkorn-Dattelbrei**

Zutaten:
⅓ *Mehrkorn-Getreidemischung*
⅛ *l Wasser*
50 g Datteln oder Dattelmark
1 EL Sanddorn
1 EL Pinienkerne
½ *l Fruchtmolke*

Getreidemischung mit Wasser und kleingeschnittenen Datteln zum Kochen bringen, 20 Min. quellen lassen und mit Sanddorn und zerhackten Pinienkernen verfeinern. Dazu Fruchtmolke trinken.

> ### *Ballaststoffe*
> Unverdauliche Kohlenhydrate, hauptsächlich pflanzlichen Ursprungs, wie Cellulose, Hemicellulose, Lignin, Pektin u.a.
> Die einzelnen Ballaststoffe unterscheiden sich im chemischen Aufbau, zeigen in ihren physiologischen Eigenschaften jedoch große Ähnlichkeiten. Ihr hohes Wasserbindungsvermögen läßt sie im Magen rasch aufquellen und verursacht auf diese Weise ein frühes Sättigungsgefühl. Eine Verwertung im Verdauungstrakt findet nicht statt, da unserem Körper die hierfür erforderlichen Spaltungsenzyme fehlen. Durch ihr großes Volumen regen sie die Darmtätigkeit an und wirken sich daher positiv bei Verstopfung und anderen Darmerkrankungen aus.
> Vorkommen in Lebensmitteln: Getreidevollkornprodukte, Kleie, Müslis, Hülsenfrüchte, Trockenfrüchte und grüne Gemüsesorten.

Empfehlenswerte Höhe der Nährstoffzufuhr pro Tag

		Erwachsene	Kinder 1–3 Jahre	Kinder 4–6 Jahre	Kinder 7–9 Jahre	Kinder 10–12 Jahre	Kinder 13–14 Jahre	Jugendliche 15–18 Jahre	Ältere Menschen (65 Jahre)
Energie[1]									
kcal	m	2600	1200	1600	2000	2400	2700	3100	2200
kcal	w	2200	1200	1600	2000	2100	2400	2500	1800
kJ	m	10900	5000	6700	8400	10000	11300	13000	9200
kJ	w	9200	5000	6700	8400	8800	10000	10500	7500
Protein g/kg KG[3]									
	m	0,9	2,2	2,0	1,8	1,5	1,5	1,2	1,2
	w	0,9	2,2	2,0	1,8	1,4	1,4	1,0	1,2
Essentielle Fettsäuren	g	10	4	5	6	7	9	10	
Vitamine									
Vitamin B$_1$ (= Thiamin) mg[4]	m	1,6	0,7	1,0	1,2	1,4	1,4	1,6	1,7
	w	1,4	0,7	1,0	1,2	1,2	1,2	1,4	1,5
Vitamin B$_2$ (= Riboflavin) mg[4]	m	2,0	0,8	1,1	1,6	1,9	1,9	2,3	1,8
	w	1,8	0,8	1,1	1,6	2,0	2,0	1,9	1,8
Vitamin B$_6$ mg[4]	m	1,8	0,7	1,1	1,4	1,6	2,1	2,1	2,4
	w	1,6	0,7	1,1	1,4	1,6	2,1	1,7	2,4
Vitamin C mg[5]		75	70	70	70	75	75	75	75
Vitamin A (Retinol Äquival) mg[4]		0,9	0,7	0,7	0,8	0,8	0,9	0,9	1,1
Mineralstoffe									
Kalium g		2–3	1–2	1–2	1–2	1–2	1–2	1–2	
Calcium mg	m	800	600	700	800	1000	1000	900	800
	w	700	600	700	800	900	900	800	800
Magnesium mg	m	260	130	180	220	260	300	300	
	w	220	130	180	220	230	280	250	
Eisen mg	m	12	8	8	10	12	12	12	10
	w[3]	18	8	8	10	18	18	18	12

Quelle: „Empfehlungen für die Nährstoffzufuhr" der DGE; 4. Auflage 1979.

[1] Die für Erwachsene angegebenen Werte gelten für 25jährige mit vorwiegend sitzender Tätigkeit (Leichtarbeiter). Für andere Berufsschweregruppen sind folgende Zuschläge erforderlich: Mittelschwerarbeiter 600 kcal/2500 kJ, Schwerarbeiter 1200 kcal/5000 kJ, Schwerstarbeiter 1600 kcal/6700 kJ.

[2] Nicht menstruierende Frauen: 13 mg Eisen

[3] KG = Körpergewicht

[4] Ungefähr 20% Zubereitungsverluste sind berücksichtigt.

[5] Ungefähr 40% Zubereitungsverluste sind berücksichtigt.

Feinschmecker-Kur

Die Rezepte dieser Kur sind etwas ausgefallener, ausgefeilter und raffinierter als die bisher empfohlenen Zubereitungen. Sie zeigen, wie abwechslungsreich, phantasievoll und wohlschmeckend die Körner der 7-Tage-Körner-Kur zubereitet werden können. Internationale Rezepte, seltene Zutaten und aufwendigere Zubereitungen bestimmen diese Kur. Natürlich erfordert das eine oder andere Rezept eine etwas längere Zubereitungszeit. Dafür werden Sie aber mit einem Geschmackserlebnis belohnt, welches Sie vergessen macht, daß Sie eine Fasten- und Entschlackungskur durchführen. Es wird Sie überraschen, wie gut vegetarische Getreidekost schmecken kann.

Was ist Reformhaus-Qualität?

Produkte, die das neuform-Zeichen tragen, zeichnen sich u.a. durch folgende Qualitätsmerkmale aus:
- so wenig wie möglich von der Natur entfernt
- hoher Gehalt an wichtigen natürlichen Wirkstoffen
- hochwertige Rohstoffe, möglichst aus biologischem Anbau
- weitestgehende Rückstandsfreiheit
- schonendste Be- und Verarbeitung
- Verzicht auf Zusatz synthetischer Substanzen
- enthalten keine Farbstoffe und chemische Konservierungsmittel.

Feinschmecker-Kur   1. Tag

WEIZENGRÜTZE

Frühstück: **Maronenmüsli**

Zutaten:
⅓ Weizengrütze
3 EL Maronenpüree „naturell"
3 EL Magermilch
1 EL Mandelblättchen
1 TL kaltgeschleuderter Honig

Gesamte Tagesmenge Weizengrütze mit ½ l Wasser aufkochen, 15 Min. quellen lassen und in drei Portionen teilen. Die Maronenmasse mit Magermilch gut verrühren, eine Portion Weizengrütze dazugeben, unterrühren, mit Honig abschmecken und mit Mandelblättchen garnieren.

Mittagessen: **Minestrone**

Zutaten:
⅓ Weizengrütze
¼ Zwiebel
150 ml Wasser
1 TL Gemüse-Hefebrühe oder Gourmet
italienisches Suppen- und
Würzkonzentrat
1 Tomate
1 kleine Möhre
¼ Kartoffel
Salbei, Basilikum, Oregano, Petersilie

Wasser mit Gemüse-Hefebrühe erhitzen. Möhre und Kartoffel schälen und in die Brühe raspeln. Tomate in kleine Stücke schneiden und zusammen mit Weizengrütze zur Brühe geben, kurz aufkochen und würzen. Zwiebel fein schneiden, in trockener Pfanne rösten und über Suppe streuen.

Feinschmecker-Kur   1. Tag

WEIZENGRÜTZE

Abendessen: **Griechischer Bauernsalat**

Zutaten:
1/3 Weizengrütze
3–4 Salatblätter
1 kleine Tomate
1/4 Salatgurke
1/2 Paprikaschote
1/2 Zwiebel
Knoblauch, Pfeffer
1 TL Sonnenblumenöl
Obstessig, Joghurt, Pfeffer
1 EL Schafskäse

Tomate waschen, in kleine Stücke schneiden. Gurke und Paprikaschote würfeln. Zwiebel und Knoblauch fein hacken. Alle Zutaten mit der Weizengrütze vermengen. Aus Öl, Essig, Joghurt und Pfeffer eine Marinade herstellen, Salat damit übergießen und eine Stunde kühl stellen. Salatblätter waschen, abtropfen lassen und eine Glasschüssel damit auslegen. Salat nochmals abschmecken, in vorbereitete Glasschüssel geben und mit zerbröckeltem Schafskäse überstreuen.

Feinschmecker-Kur — 2. Tag

HIRSE

Frühstück: **Gebackene Banane mit Mandeln**

Zutaten:
⅓ Hirse
1 Banane
1 EL gehobelte Mandeln
1 EL kaltgeschleuderter Honig

Gesamte Tagesmenge Hirse mit ½ l Wasser 15–20 Min. quellen lassen und in drei Portionen teilen. Banane in nicht zu dünne Scheiben schneiden, in einer trockenen Pfanne etwas bräunen und unter eine Portion Hirse geben. Mandeln mit Honig in der Pfanne unter umrühren rösten und über den Hirsebrei geben.

Mittagessen: **Dillsuppe**

Zutaten:
⅓ Hirse
125 ml Wasser
1 TL Gemüse-Hefebrühe
100 g Bleichsellerie
1 Bund Dill
2 EL saure Sahne

Wasser mit Gemüse-Hefebrühe zum Kochen bringen. Bleichsellerie inzwischen waschen, putzen, in feine Scheiben schneiden und zusammen mit der Hirse in die Brühe geben. Dill waschen, sehr fein schneiden und zur Suppe geben. Kurz aufkochen und saure Sahne unterrühren.

Feinschmecker-Kur　　　　　　　　　　　　　　　　2. Tag

HIRSE

Abendessen: **Gefüllte Melone mit Erdbeerpüree**

Zutaten:
⅓ Hirse
½ Honigmelone
70 g Erdbeeren
2 EL Magerquark
1 TL kaltgeschleuderter Honig

Honigmelone halbieren, von Kernen befreien und Fruchtfleisch mit einem Löffel herausstechen. Außen die Wölbung etwas abschneiden, damit die Melone besser liegt. Aus dem Fruchtfleisch einen Püree herstellen und unter Hirse mengen, mit Honig abschmecken und in die Melone füllen. Erdbeeren pürieren, Magerquark unterheben und über Melone geben.

Kolben- oder Rispenhirse

Feinschmecker-Kur 3. Tag

HAFERGRÜTZE

Frühstück: **Kräuterfrühstück**

Zutaten:
⅓ Hafergrütze
1 TL Gemüse-Hefebrühe
50 g Champignon-Pastete
1 Bund Petersilie
Getränk: 200 ml Kurmolke

Gesamte Tagesmenge Hafergrütze mit ½ l Wasser aufkochen, 15–20 Min. quellen lassen und in drei Portionen teilen. Unter die noch warme Hafergrütze etwas Gemüse-Hefebrühe und die Champignonpastete geben. Petersilie sehr fein hacken und unterheben. Dazu ein Glas Kurmolke trinken.

Mittagessen: **Überbackene Aubergine**

Zutaten:
⅓ Hafergrütze
1 kleine Aubergine
1 TL Kapern
¼ Zwiebel
Knoblauch
1 TL natriumarmes Tomatenmark
1 TL Gemüse-Hefebrühe
1 EL geriebener Käse
Pfeffer

Aubergine waschen, der Länge nach halbieren und mit einem Löffel aushöhlen. Das Fruchtfleisch in kleine Stücke schneiden und zur Hafergrütze geben. Kapern, Zwiebeln und Knoblauch fein hacken und mit Tomatenmark, Pfeffer

Feinschmecker-Kur   3. Tag

HAFERGRÜTZE

und Gemüse-Hefebrühe unter Hafergrütze heben. Grütze erwärmen und in die Auberginenhälften füllen, mit Alufolie abgedeckt 30 Min. bei 180° – 200° C überbacken. Kurz vor Ende der Garzeit Folie abnehmen und Käse überstreuen.

Abendessen: **Radicchio-Salat**

Zutaten:
⅓ Hafergrütze
½ Honigmelone
50 g tiefgefrorene Erbsen
½ TL Gemüse-Hefebrühe
50 g Radicchio
Obstessig, Pfeffer
1 TL kaltgeschleuderter Honig

Melone aushöhlen und in kleine Stücke schneiden. Radicchio waschen und in feine Streifen schneiden. Erbsen unter Zugabe von etwas Gemüse-Hefebrühe und Wasser dünsten und zusammen mit Melone und Radicchio unter Hafergrütze heben. Mit Essig, Pfeffer und Honig abschmecken.

Feinschmecker-Kur · 4. Tag

NATURREIS

Frühstück: **Safranreis**

Zutaten:
⅓ *Naturreis*
1 EL ungeschwefelte Sultaninen
2 EL gem. Haselnüsse
3 EL Magerquark
1 EL Weizenkeime
1 TL frisch gepreßter Zitronensaft
1 Messerspitze Safran
1 TL kaltgeschleuderter Honig

Gesamte Tagesmenge Reis mit 2 Tassen Wasser 40 Min. quellen lassen, in drei Portionen teilen. Einer Portion nach dem Abkühlen Sultaninen, Haselnüsse, Quark und Safran zufügen, mit Zitronensaft und Honig abschmecken. Zum Schluß Weizenkeime darüberstreuen.

Mittagessen: **Mexikanischer Reis**

Zutaten:
⅓ *Naturreis*
1 kleine Zwiebel
1 TL Sonnenblumenöl
100 g Mais (gefroren oder aus der Dose)
1 EL natriumarmes Tomatenmark
1 TL Gemüse-Hefebrühe oder Gourmet
mexikanisches Suppen- und
Würzkonzentrat
Pfeffer, Weißwein

Zwiebel kleinschneiben und in Öl dünsten, den Mais und den Naturreis dazu geben. Tomatenmark und Gewürze unterrühren und mit einem Schuß Weißwein abschmecken.

Feinschmecker-Kur 4. Tag

NATURREIS

Abendessen: **Orangen-Reispudding**

Zutaten:
⅓ Naturreis
1 Orange
1 Ei
1 TL Zitronensaft
2 EL Magerquark
2 EL Magermilch
1 TL kaltgeschleuderter Honig
gem. Bourbon-Vanille

Orange schälen, von Kernen befreien, in kleine Stücke schneiden und zum Reis geben. Eigelb, Zitronensaft, Quark, Milch, Honig und Vanille hinzufügen und verrühren. Eiweiß zu Schnee schlagen, vorsichtig unterheben, in eine feuerfeste Form füllen und ca. 30 Min. bei 180° C backen.

Reis

Feinschmecker-Kur 5. Tag

GERSTENGRÜTZE

Frühstück: **Ingwerbecher**

Zutaten:
⅓ Gerstengrütze
1 Kiwi
1 EL gem. Mandeln
1 kleine eingelegte Ingwerfrucht
1 TL Ingwersirup
1 TL kaltgeschlagener Honig
gem. Bourbon-Vanille

Gesamte Tagesmenge Gerstengrütze mit ½ l Wasser aufkochen, 15–20 Min. quellen lassen und in drei Portionen teilen. Kiwi schälen und in Scheiben schneiden. Drei Scheiben zur Dekoration zurücklegen, den Rest in Stücke schneiden. Ingwerfrucht fein hacken, mit Kiwistücken, Mandeln, Ingwersirup und Honig unter Gerstegrütze heben. Mit Vanille abschmecken und Kiwi-Scheiben dekorieren.

Mittagessen: **Käsesoufflé**

Zutaten:
⅓ Gerstengrütze
1 kleine Zwiebel
1 TL Margarine
1 Ei
½ Becher Magerjoghurt
1 EL geriebener Käse
Pfeffer, Muskat
Gemüse-Hefebrühe

Zwiebel klein schneiden, in der Margarine dünsten und zusammen mit Joghurt und Ei unter Gerstengrütze rühren.

Feinschmecker-Kur 5. Tag

GERSTENGRÜTZE

Mit Pfeffer, Muskat und Gemüse-Hefebrühe würzen. Das Eiweiß sehr steif schlagen, unter die Grütze heben und in eine feuerfeste Form füllen. Mit Käse bestreuen und bei 180° C etwa 30 Min. backen.

Abendessen: **Broccoli-Püree**

Zutaten:
⅓ Gerstengrütze
100 g Broccoli frisch oder gefroren
2 EL Magerquark
1 EL saure Sahne
1 Messerspitze Meerrettich
Muskat, Gemüse-Hefebrühe

Broccoli waschen, putzen, kleinschneiden (Stiele mitverwenden) und in etwas Wasser unter Zugabe von Gemüse-Hefebrühe dünsten. Broccoli pürieren, zusammen mit Quark und saurer Sahne unter die Gerstengrütze geben, mit Meerrettich und Muskat abschmecken.

Feinschmecker-Kur — 6. Tag

BUCHWEIZENGRÜTZE

Frühstück: **Obstmüsli**

Zutaten:
⅓ Buchweizengrütze
1 Nektarine oder 1 Pfirsich
½ Becher Joghurt (Magerstufe)
1 EL Sesam
2 EL Magermilch
1 TL kaltgeschleuderter Honig
oder Ahornsirup

Gesamte Tagesmenge Buchweizengrütze mit 600 ml Wasser aufkochen, 15–20 Min. quellen lassen und in drei Portionen teilen.
Nektarine waschen, in Stücke schneiden, zusammen mit Joghurt und Milch unter eine Portion Buchweizengrütze heben. Mit Honig abschmecken und zum Schluß mit Sesam bestreuen.

Mittagessen: **Ratatouille**

Zutaten:
⅓ Buchweizengrütze
½ Aubergine
½ Zwiebel
¼ Paprikaschote
¼ Zucchini
¼ Gurke
1 EL Mais
½ Tomate
1 TL Gemüse-Hefebrühe oder Gourmet
italienisches Suppen- und
Würzkonzentrat
Pfeffer, Knoblauch

Feinschmecker-Kur   6. Tag

BUCHWEIZENGRÜTZE

Alles Gemüse waschen, putzen, in kleine Stücke schneiden und in etwas Wasser dünsten. Zwiebel hacken und in trockener Pfanne etwas anrösten. Buchweizengrütze in wenig Wasser mit Gemüse-Hefebrühe erwärmen, alle anderen Zutaten untermischen und mit Pfeffer und Knoblauch würzen.

Abendessen: **Gefüllte Weinblätter**

Zutaten:
⅓ Buchweizengrütze
½ Zwiebel
1 TL Margarine
1 TL geriebener Käse
2 EL natriumarmes Tomatenmark
1 TL Gemüse-Hefebrühe
Petersilie, Muskat
12 eingelegte Weinblätter
6 Holzspieße

Die Zwiebel kleinschneiden, in Margarine dünsten, mit gehackter Petersilie, Käse, Gemüse-Hefebrühe und Muskat unter die Buchweizengrütze mischen. Weinblätter abspülen, abtropfen lassen. Jeweils zwei Blätter übereinander legen, Buchweizengrütze darauf verteilen, einrollen und mit Spieß befestigen. Die aufgerollten Weinblätter in eine feuerfeste Form setzen, etwas Wasser dazugeben und das Tomatenmark auf die Weinblätter geben. Im Backofen ca. 20 Min. bei 180° C garen.

Feinschmecker-Kur 7. Tag

MEHRKORN-GETREIDEMISCHUNG

Frühstück: **Brombeer-Schale**

Zutaten:
⅓ Mehrkorn-Getreidemischung
125 g Brombeeren
1 TL kaltgeschleuderter Honig

Gesamte Tagesmenge Mehrkorn-Getreidemischung mit ½ l Wasser aufkochen, 15–20 Min. quellen lassen und in drei Portionen aufteilen. Eine Portion Getreidemischung mit Honig süßen, abkühlen lassen und Brombeeren vorsichtig unterheben.

Mittagessen: **Tortilla**

Zutaten:
⅓ Mehrkorn-Getreidemischung
1 kleine Kartoffel
1 kleine Möhre
½ Zwiebel
1 EL feine Haferflocken
2 EL Magerquark
Gemüse-Hefebrühe oder Gourmet
mexikanisches Suppen- und
Würzkonzentrat
Sonnenblumenöl

Kartoffel und Möhre schälen, fein raspeln und zu gut abgetropftem Getreidebrei geben. Haferflocken und Quark unterrühren, mit Gemüse-Hefebrühe abschmecken. Pfanne mit Öl auspinseln und nicht zu große Tortillas darin backen.

Feinschmecker-Kur — 7. Tag

MEHRKORN-GETREIDEMISCHUNG

Abendessen: **Avocado-Suppe**

Zutaten:
⅓ Mehrkorn-Getreidemischung
125 ml Wasser
½ Avocado
1 TL Gemüse-Hefebrühe
1 TL frisch gepreßter Zitronensaft
1 EL saure Sahne
Pfeffer

Wasser mit Gemüse-Hefebrühe erwärmen und Getreidemischung dazugeben. Avocado-Fleisch durch ein Sieb passieren, zur Suppe geben und nicht mehr aufkochen. Mit Zitronensaft, saurer Sahne und Pfeffer abschmecken.

Vitamin E (Tocopherole)

Ein fettlösliches, im Tier- und Pflanzenbereich weit verbreitetes Vitamin.

Seine wichtigste Funktion erfüllt Vitamin E in der Verhinderung der Oxidation essentieller Körpersubstanzen. In diesem Sinne schützt es beispielsweise das Vitamin A und die essentiellen Fettsäuren vor oxidativer Zerstörung; gleichzeitig wird hierdurch die Sauerstoffversorgung in nahezu allen Organen verbessert. Weiterhin werden dem Vitamin E ein Schutz der Gefäße vor Ablagerungen und damit eine Förderung der Durchblutung zugeschrieben.

Vorkommen in Lebensmitteln: Weizenkeime, pflanzliche Öle (besonders Weizenkeimöl), Getreide und Getreideprodukte sowie Sojabohnen, Eigelb und Nüsse.

Sachgruppen-Register

Weizengrütze	Seite		Seite
Aprikosen	80	Brennessel	50
Blumenkohl	32	Dill	114
Broccoli	32	Feldsalat	83
Chinakohl	65	Haselnüsse	50
Citrusfrüchte	97	Himbeeren	34
Erdbeeren	32	Honigmelone	115
Fastenbrot	47	Kiwi	35
Gemüse gemischt	33	Kohlrabi	66
Gemüse gemischt	32	Kokosflocken	66
Gemüse gemischt	112	Kopfsalat	34
Gurke	24	Löwenzahn	67
Karotten	33	Madarine	35
Kopfsalat	33	Möhren	82
Maronen	112	Möhren	98
Meerrettich	96	Obst	25
Möhren	48	Porree	51
Obst	96	Rosenkohl	82
Obst	24	Sauerkraut	99
Paprika	24	Trockenobst	98
Rote Beete	81		
Salat, gemischt	113	**Hafergrütze**	
Schnittlauch	48	Äpfel	36
Stachelbeeren	64	Äpfel	84
Tomate	32	Äpfel	26
Tomate	49	Aubergine	36
Zucchini	64	Aubergine	116
Zwiebeln	80	Birnen	85
		Blattspinat	36
Hirse		Blumenkohl	68
Banane	34	Brombeeren	68
Banane	114	Buttermilch	36
Birne	35	Champignon	37
Bohnen	66	Champignon	52

	Seite		Seite
Champignon-Pastete	116	**Gerstengrütze**	
Frischkäse	85		
Gurke	100	Banane	40
Kartoffeln	69	Banane	28
Kohlrabi	53	Birnendicksaft	104
Mais	84	Broccoli	121
Möhre	26	Frischkäse	41
Orange	26	Ingwerfrucht	120
Paprika	52	Käse	120
Radicchio	117	Karotten	40
Tomaten	36	Knoblauch	105
Trocken-Aprikosen	101	Kresse	56
Zucchini	37	Paprikaschote	72
		Pfirsich	72
		Pflaumen	88
		Rhabarber	57
Naturreis		Rotkohl	88
		Salat, gemischt	40
Banane	102	Salat, gemischt	73
Birnen	103	Tomate	56
Chicoree	86	Tomate	89
Chinakohl	39	Tomate	104
Chinakohl	102		
Erbsen	70		
Gemüse, gemischt	38	**Buchweizengrütze**	
Himbeeren	55		
Johannisbeeren	70	Apfel	59
Mais	118	Aubergine	122
Mandarine	38	Champignon	42
Möhren	54	Dunstobst	106
Obst	27	Erdbeeren	58
Orange	119	Gewürzgurken	29
Rettich	71	Gurke	91
Safran	118	Haselnüsse	59
Sellerie	87	Himbeeren	42
Trockenpflaumen	54	Joghurt	29
Wassermelone	86	Kerbel	74

	Seite		Seite
Kirschen	74	Äpfel	44
Kräuter, gemischt	43	Äpfel	30
Mohn	90	Banane	30
Obst	122	Avocado	125
Obst	29	Brombeeren	124
Spargel	58	Chicoree	77
Suppengrün	106	Datteln	109
Tofu	75	Dicke Bohnen	92
Tomaten	42	Erdbeeren	44
Weinblätter	123	Fenchelgemüse	60
Weißkohl	107	Gurke	44
Wirsing	90	Hüttenkäse	60
Zucchini	122	Lauch	30
		Mandarinen	92
		Melone	76
		Möhren	108
		Sauerkraut	93

Mehrkorn-Getreidemischung

Äpfel	61	Spinat	45
Äpfel	108	Weißkohl	76

Dr. Ritter
Original 7-Tage Körner-Kur

vollwertige Getreidekost
entschlackend, vital- und ballaststoffreich

• Empfehlung •
Als begleitendes Vitalstoffgetränk

Dr. Ritter
Keim-Getreide Trunk
in der 7-Tage Kur-Flasche.

—Dr. Ritter GmbH & Co., Köln—

exclusiv im Reformhaus

Für die Schlankheitskur das Würzmittel mit Pfiff und B-Vitaminen

Mit der richtigen Ernährung lassen
sich Nährstofflücken in der täglichen
Kost wirkungsvoll auffüllen:

Ein weiterer Tip:
Unsere 6 Vollkorn-Ideen –
jede in 1 Minute tischfertig

Dr. Ritters Buchweizentag
Dr. Ritters Gerstentag · Dr. Ritters Hirsetag
Dr. Ritters Reistag · Dr. Ritters Roggentag
Dr. Ritters Weizentag

Dr. Ritter GmbH & Co. Köln

exklusiv im   neuform   Reformhaus

VITAM GOURMET

Suppen und Würzkonzentrat

– international
würzen
mit drei
pikanten Noten